まわりの先生から「おっ！ クラスまとまったね」と言われる本。

瀧澤 真［著］
Takizawa makoto

学陽書房

まえがき

　「何を言うかではない。だれが言うかだ」
　この言葉が、学級経営の本質をずばり言い当てていると思っています。同じことを言っているのに反発される教師と、慕われる教師がいます。
　「子供は親の言う通りではなく、親のする通りにやるのだ」
　これも、親を教師に読み替えてみれば、学級経営の根本と言えます。
　教育の本質は伝達ではなく、感化なのです。
　つまり、人間としての自分をいかに伝えていくのかが大事であり、どんなにきれいな言葉で取り繕っても、子供たちにはその教師の本質が見えてしまうと言えます。
　特に授業は、年間に1000時間以上あります。その1000時間にどのように向き合っていくのか、どのように子供と関わっていくのか。その重要性は、前著『まわりの先生から「あれっ、授業うまくなったね」と言われる本。』に書いた通りです。
　しかし、学級経営が年々やりにくくなっているのも事実です。かつては、教師の言うことには従うものという暗黙の了解があったために、学級経営があまりうまくなくても、子供も保護者もなんとなくついてきてくれました。しかし、時代は変わりました。家庭という土台が不安定になり、学校というシステムもまた安定感をなくしつつあります。教師一人ひとりが、自分の足元をしっかりと安定させていく必要があるのです。
　そのためのヒントは2つあります。
　1つ目が、当たり前のことを、当たり前ではない情熱を持ってと

ことんやるということ。小事を大事にしていくということです。

　もう1つが、率先垂範です。言い古されたことではありますが、山本五十六の名言「やってみせて、言って聞かせて、やらせてみて、ほめてやらねば人は動かじ」は、教師の心構えの基本です。口先だけの教師では土台づくりなど不可能です。学級を良くしたかったら、子供をどう変えるのかではなく、自分をどう変えるのかを常に考えねばなりません。このことを、植草学園大学名誉教授の野口芳宏先生は、「教師は、子供をどう変えるかという他者改善には熱心だが、自分をより良くしていく自己改善には不熱心だ」と言います。絶えざる自己改善への情熱こそが、学級を変えるのです。

　学級は、子供が安心して学ぶための母港ともいうべき場所です。
　学級づくりは教師のためではなく、子供一人ひとりを伸ばすためにあります。
　そのことを理解してもらった上で、今回も地元の若手教師の方々に本書の内容を実践していただくことにしました。その際、特に何を重点的に実践してもらうのかを決めるのに重視したのが、経験年数や力量ではなく、その先生のキャラクターです。
　学級経営には教師のキャラクターが大きく影響します。例えば、「子供との人間関係づくり」が得意な教師がいます。どちらかというと若い教師に多いタイプです。「システムやルールづくり」がうまい教師がいます。生徒指導に長けた教師や、ちょっと怖がられるような男性教師に多いタイプです。
　このように自分のタイプを分析し、得意な部分、苦手な部分を把握してもらってから、実践をお願いしました。例えば、「子供との人間関係づくり」が得意なＡ先生は、「学級のシステムづくり」を苦手としていました。そこで、まずはレッスン2「クラスの問題を未然に防ぐ！　学級のシステム＆ルールづくり」を重点的に実践してもらいました。また、学級づくりにはある程度自信を持っていた

B先生には、より効率的に仕事が行えるように、レッスン４「時間をつくりだす！　効率的に仕事を処理する技術」に取り組んでもらうとともに、もくじを活用し、自分の足りない部分を確認してもらうようにしました。

　本書ではこのように、自分のタイプに応じて実践しやすいように、各レッスンを調整して作成してあります。また、自分のタイプを知っていただくためのチェックリストを掲載しました。まずはぜひ、そちらをご活用いただき、自分のタイプを把握して、足りない部分のレッスンから重点的に取り組んでもらいたいと思います。また、もくじを活用し、自分に必要な項目から実践していくことをおすすめいたします。

　本書の内容がすべて当たり前のこととなれば、きっと「クラスがまとまっている」と実感できるはずです。

　　2016年 春

　　　　　　　　　　　　　　　　　　　　　　　　　瀧澤　真

もくじ◎まわりの先生から「おっ！ クラスまとまったね」と言われる本。

まえがき ……………………………………………………………… 3

学級経営チェックリスト——自分のタイプを知ろう！ ………… 10

Lesson1 教師への信頼を深める！
子供一人ひとりとの関係づくり …… 15

実践者の声
さらに子供との関係が深まりました！
（男性教諭／教師歴5年目） ……………………………………… 16

1 認めてほめ続ける …………………………………………… 18
2 叱るべき時には毅然と叱る ………………………………… 20
3 一緒になって思い切り遊ぶ ………………………………… 22
4 机間巡視で子供とつながる ………………………………… 24
5 子供に教師を評価させる …………………………………… 26
6 教室に笑いをつくる ………………………………………… 28
7 子供に教師理解の機会をあたえる ………………………… 30
8 子供を信じる ………………………………………………… 32

COLUMN-1 ●後生畏るべし ………………………………… 34

Lesson2 クラスの問題を未然に防ぐ！
学級のシステム&ルールづくり …35

実践者の声
子供たちが生活しやすい学級になりました！
（女性教諭／教師歴7年目） …36

1 発言の仕方、聞き方を指導する …38
2 すばやく着席させる …40
3 学校の約束を守らせる …42
4 席替えで学習効率を高め、人間関係を広げる …44
5 朝の会を充実させる …46
6 一人一当番を割り当てる …48
7 給食当番のシステムをつくる …50
8 きちんと掃除をやらせる …52

COLUMN-Ⅱ ●くれない病に要注意 …54

Lesson3 クラス全体が伸びる！
子供を集団としてまとめる技術 …55

実践者の声
クラスが活気づき、良い雰囲気になりました！
（女性教諭／教師歴4年目） …56

1 いじめを出さないクラスにする …58

2 目標を達成させてチームワークを高める……60
3 互いに助け合えるクラスにする……62
4 互いにほめ合うクラスにする……64
5 フェアなえこひいきで学級をまとめる……66
6 挨拶を徹底する……68
7 楽しいイベントで絆を深める……70
8 責任ある立場につけて伸ばす……72

COLUMN-Ⅲ ◉人生は驚くほどうまくいかないもの……74

Lesson 4 時間をつくりだす！効率的に仕事を処理する技術……75

> **実践者の声**
> 時間が節約できただけでなく、子供の見方が変わりました！
> （女性教諭／教師歴11年目）……76

1 段取り上手は仕事上手……78
2 通知表を素早く仕上げる……80
3 すき間時間を蓄積する……82
4 臆せず助けを借りる……84
5 効率的に採点する……86
6 今すぐにやる……88
7 時間の使い道をチェックする……90
8 手紙の配り方、提出物の集め方を工夫する……92

COLUMN-Ⅳ ◉頼まれた仕事には2つのチャンスがある……94

Lesson5 クラス運営が楽になる！保護者との良好な関係づくり 95

実践者の声
保護者との距離が確実に縮まりました！
（男性教諭／教師歴13年目） 96

1 積極的に関わる 98
2 苦情への対応を決めておく 100
3 連絡帳を一工夫する 102
4 すぐに動く 104
5 教育方針を伝える 106
6 子供にお土産を持たせる 108
7 授業参観で保護者をひきつける 110
8 小さな相談に全力で対応する 112

COLUMN-Ⅴ ●すべてが糧になる 114

Q&A 実践者の疑問に答えます！ 115

あとがき 126

学級経営チェックリスト
――自分のタイプを知ろう！

　学級経営には、教師のキャラクターが大きく影響します。本書のレッスンに取り組む前に、以下のチェックリストを活用して、教師としての自分のタイプを把握してみましょう。

　まずは自己評価欄に、3（とてもよくできている）、2（ふつう）、1（努力が必要）のいずれかを入れてください。そしてⅠ～Ⅴごとに合計を計算しましょう。

　次に必要性を記入します。非常に必要だと思えば◎、必要だと思えば○、あまり必要だと思わなければ無印のままにします。

Ⅰ　子供との関係づくり	自己評価	必要性
①子供一人ひとりの良さを把握している		
②休み時間などに積極的に子供とふれあうようにしている		
③子供の思いや考えていることを把握している		
④1日に1回はすべての子供と関わるようにしている		
⑤クラスの子供たちはよく笑う		
合計点数		
Ⅱ　学級のシステム＆ルールづくり	自己評価	必要性
①給食準備は静かに、短時間で行うことができる		
②子供たちは学級の約束を守っている		
③子供たちは教師や友だちの話をしっかり聞いている		

④子供たちは時間を守って生活している		
⑤一人ひとりが責任を持って当番活動を行っている		
合計点数		
Ⅲ　学級集団づくり	自己評価	必要性
①いじめ発見の仕組みができている		
②子供たちはお互いに助け合っている		
③子供たちは自分から挨拶できる		
④学級の絆を深めるイベントを企画している		
⑤クラス全員で共通の目標に向かって努力している		
合計点数		
Ⅳ　仕事術	自己評価	必要性
①仕事の締め切りに遅れることがない		
②頼まれた仕事はすぐに取りかかる		
③仕事は早いほうだ		
④どうすればより効率的にできるかをよく考える		
⑤毎日の時間外勤務は１時間程度である		
合計点数		
Ⅴ　保護者との連携	自己評価	必要性
①保護者と話をすることは苦にならない		
②学校の様子を家庭に積極的に伝えている		
③よく家庭訪問をするほうだ		
④授業参観には入念な準備を行う		
⑤苦情や相談を受けた時には真摯に対応している		
合計点数		

教師のタイプは、大別すれば２つあります。
　極端に言えば、《おおかみ型》と《ひつじ型》です。

おおかみ型

　強い指導が多いタイプです。教師主導でルールや規律を守らせる、父性的な教師と言えます。
　適度な指導は良いのですが、それがエスカレートすると、恐怖で子供たちを支配するようになります。すると、子供たちの反抗が次第に強くなり、学級崩壊につながることもあります。しめつけが強すぎて、無反応なクラスになってしまう場合もあります。

ひつじ型

　指導よりも支援を得意とするタイプです。子供たちの発想を大切にする、母性的な教師と言えます。このタイプの教師は、優柔不断で友だち先生になりがちです。学級の秩序が保たれず、学級崩壊につながることがあります。

　一番危険なのは、どちらの側面も持っていない教師であり、理想的なのは、どちらの面もバランスよく発揮する教師です。バランスの良い教師となるために、まずは自分がどのタイプなのかを把握し、自分の弱点を補うようにしましょう。

　では、チェックリストの結果を分析していきましょう。
　初めに自己評価を見て、点数が低い部分がどこか、逆に高い部分はどこかを把握しましょう。

１について

　ここが高得点であれば、子供との人間関係は良好だと言えます。

若い教師は子供と共感しやすいので、この部分が得意な人も多いでしょう。《ひつじ型》の側面を持っていると言えます。ただし、若い教師は規律づくりが苦手だったり、集団としてまとめていく技術が弱かったりする傾向があります。併せて、ⅡやⅢをチェックしましょう。

Ⅱについて

　父性的な指導が強いタイプ（つまり《おおかみ型》）はここが高得点になるでしょう。ある程度の厳しい指導は必要ですが、Ⅰに関わる面が弱くなりがちです。子供と心のつながりができているのか、振り返りましょう。

　Ⅱが低得点の場合は、学級が乱れやすい傾向にあります。学年当初からの規律づくりに力を入れる必要があります。

Ⅲについて

　この項目が低得点の場合、学級経営を教師と子供の関係だけで考えている可能性があります。より良い学級経営のためには、子供同士の人間関係を深めていく必要があります。また、集団としてまとまるからこそ身に付く力もあることを、もっと意識していきましょう。

Ⅳについて

　長時間勤務が常態化している教師が増えています。一生懸命に仕事をするのは素晴らしいことですが、疲労が蓄積しては良い仕事はできません。この項目が低得点であれば、過労気味だったり、心のゆとりを失いがちだったりします。より良い仕事の方法を模索していく必要があります。

Ｖについて

　若い教師のなかには、保護者対応が苦手な人も多いでしょう。自分より年上であり、子育てという面では相手のほうが経験も豊富です。だからといって、保護者との関わりは避けて通れません。ここが低得点の場合は、ぜひとも保護者との関わりについて考えていきましょう。

　自分のどこに弱点があるのか、把握できたでしょうか。この弱点部分を補うことで、バランスの良い教師になることができます。
　各項目は、本書のレッスンと対応しています。例えば、Ⅰが苦手な場合はレッスン１を、Ⅱが苦手な場合はレッスン２を実践すれば効果的です。
　自己評価と併せて、必要性もチェックしましょう。自己評価が低く、必要性が高い場合は、その項目を実践するのにさほど抵抗はないと思います。弱点克服を目指して、努力していただければと思います。
　問題は自己評価が低いにもかかわらず、必要性も低いという場合です。そこには自分の価値観が反映されています。例えば、規律に関わる自己評価が低いのに、さほど必要性を感じていない場合、それほど規律を重視していないタイプだということです。そうした自分のタイプをつかんだ上で、規律を身に付けさせることに力を入れていくのか、わかってはいるがそのままで善しとするのか。そうしたことを冷静に判断してこそプロの教師だと言えます。ただし、規律を身に付けさせる方法も様々です。これなら取り入れられるというものが本書で見つかれば、ぜひ実践していただきたいと思います。
　なお、弱点部分が複数にまたがる場合は、必要性が高いレッスンから実践していくようにしてください。

Lesson 1

教師への信頼を深める！
子供一人ひとりとの関係づくり

ここでは、子供一人ひとりとの人間関係をつくっていくための実践を紹介しています。どんなに立派なことを言っても、信頼関係がなければ相手の心には響きません。学級の安定のために、まずは子供との良好なコミュニケーションを心がけましょう。

Lesson1…実践者の声

さらに子供との関係が深まりました！

（男性教諭／教職歴5年目）

　子供との関係は、いつもそれほど悪くないと思っています。でも、ここにある実践を意識すると、さらに子供たちとの関係が深まったように感じます。

　例えば、子供をよくほめているつもりでしたが、より一層認めるように意識すると、子供の笑顔が増えました。また、ほめようとすることで、問題のある子に対しても温かい気持ちで見守る機会が増えました。ほめることで、叱ってもなかなか変わらなかった子が、頑張るようにもなりました。

　教室に笑いをつくろうと、みんなで笑う練習をしました。意外な子が笑うのがうまく、子供理解にもつながりました。

　「子供と遊ぶ」は自分にとっては当たり前のことでしたが、他の項目はなんとなく意識はしていましたが、徹底するまで実践していませんでした。すべての項目が、当たり前になるように、これからも日々意識しながら過ごしていきたいと思います。

Lesson1-1 認めてほめ続ける

　何をするにも、すぐに「できない」「やりたくない」と言う子がいました。そのため、つい注意することが多くなっていました。そこで、意識的にほめる機会を増やしました。特にレッスンにあったように、変化をほめるようにしました。初めは照れて、ほめられることも嫌だと言っていたT君ですが、少しずつ変わっていったのです。例えば、これまで社会科新聞を書かせても、ほとんど取り組みませんでした。しかし、鉛筆を持ったこと、ひと言書いたことなど、ほめ続けることで、最終的には書き上げることができたのです。以前の様子からは考えられないくらいのT君の変化でした。

Lesson1-5 子供に教師を評価させる

　どんな結果が出るか、どきどきしながら実践しました。ある程度予想した通り、頑張って教材研究している教科はおおむね良い評価でした。進んで教材研究している教科というのは、もともと自分が好きだからという面があり、そういう気持ちは子供にも通じるのだなと思いました。
　行動面では、「先生はよく話しかけてくれる」という欄に×をつけた子が2人いました。私としては、その子たちとはよく話しているつもりでしたが、子供と教師の意識にギャップがあるのだと改めて実感しました。それからは、特に意識してその2人と話をしています。

Lesson1-7 子供に教師理解の機会をあたえる

　私は魚が苦手で、給食の時に魚が出ると、「食べたくないな」と思ってしまいます。そこで、そのことを子供たちに話しました。それを聞いた子供たちは大いに盛り上がり、魚が出る日を献立で探し始めました。いざ給食に魚が出た時には、みんなが私に注目しました。そこで我慢して魚を食べると、子供たちから大きな拍手が起こりました。そんな私の姿を見て、「ぼくも頑張って一口だけでも食べるよ」と言ってくれる子が増えてきました。
　自己開示をすることで、子供との距離がぐっと縮まったと感じています。

Lesson 1-1
認めてほめ続ける

子供をやる気にさせる
最も大切なポイント

● ほめればやる気になる

　ある専門家の実験によれば、運動トレーニング中に他人にほめられると、運動技能が高まることがわかったそうです。
　ほめることは教育的効果が高いと言われてきましたが、科学的にも証明されている訳です。
　多くの教師はこのことを経験的に知っていますし、研修などでもほめることの大切さを何度も聞いているはずです。
　ですから、
「先生方は子供たちをほめていますか？」
と質問すると、たいていの方が
「ほめています」
と答えます。
　私も、自分は子供たちをよくほめる教師であると思っていました。しかしある時に、教室でアンケートをとると、多くの子供が「担任（つまり私）にあまりほめてもらっていない」と感じていることが明らかになりました。
　この結果に、大変ショックを受けたことを覚えています。ほめる側と、ほめられる側に、意識の差があったのです。
　同様のことが子供と保護者の間でもありました。保護者は、「自

分はほめている」と思っているのに、子供はそう感じていないことが多かったのです。

● ジャブを打ち続ける！

　なぜ、こうした意識の差が出るのでしょうか。
　ほめる側は、一度でもほめれば、その子のことをほめていると認識します。しかし、ほめられる側は一度ほめられても、別の日に叱られれば、そちらの印象のほうが強く残ってしまうのです。
　自分はよくほめられているなと感じさせるには、繰り返しほめていく必要があります。
　ボクシングでは、軽いパンチ（ジャブ）の連打でじわじわと相手にダメージをあたえます。それと同じようなイメージで、ちょっとしたことでも認め、それをほめ続けるのです。すると、じわじわとほめられているというイメージが伝わっていき、先生はよくほめてくれると感じさせることができます。
　人は自分を認めてほめてくれる人のことは受け入れます。子供たちに自分の考えを浸透させたければ、まずはほめ言葉をジャブのように繰り出しましょう。

ワンポイント★アドバイス

ジャブだけでは相手を倒せないように、ほめることも小さな出来事だけではインパクトに欠けます。時には、「○○さんは……ということができて実に素晴らしい！」と全員の前でほめたり、学級通信に載せたりしましょう。より効果的です。

Lesson 1-2
叱るべき時には毅然と叱る

叱れない教師では子供はついてこない

● 叱られ方を教える

　子供たちとよくよく話をすると、まったく叱らない教師というのは意外に人気がありません。やはり悪いことをした時には、しっかり叱ってほしいと思っているのです。

　だからといって、むやみに叱るのは効果がありません。まずは、なぜ教師は叱るのかを教えましょう。子供たちは、「いけないことをするから叱られる」という浅い考えしか持っていない場合がほとんどです。ですから、「みんなに立派な人になってほしいから叱る」のだという根本を伝えておくのです。

　つぎに、叱られ方も教えておきましょう（植草学園大学名誉教授の野口芳宏先生の実践です）。

①**叱られた時にどんな態度をとることが大切か考えさせる**

　謝るという考えが出るでしょうが、その前に大切なのは「いけないことをしたと認める」ことだと教えます。

②**謝罪のあとにすることを考えさせる**

　もうやらないようにする「改善」が必要と教えます。

③**改善後にもう１つだけやらなければならないことを考えさせる**

　叱ってくれたことに対しての「感謝」だと教えます。

　このような叱られ方を、まずは教えておくことが大切です。

● 叱り方、叱る場合を決める

　叱られ方ばかりを教えるのはフェアではありません。教師も叱り方や、叱る場面を決めておきましょう。例えば、強く指導する場面というのはさほど多くないはずです。

　・**自他の命に関わる時**
　・**人を差別した時、いじめた時**

　この２つくらいにしましょう。多すぎると、窮屈な学級になってしまいます。

　また、叱り方で注意すべきことは何でしょうか。２つのポイントがあります。

　①くどくど叱る

　　やたらと長くお説教をする教師がいますが、あまり効果は期待できません。たいていの子は内容などは聞かず、「いつになったら終わるのだろうか」と、時間ばかり気にして嫌がっているだけです。短くすぱっと叱りましょう。

　②前のことを持ち出す

　　以前のことを持ち出したり、ついでにといって別のことで説教されるのも嫌なものです。

ワンポイント★アドバイス

　国語教育で高名な大村はま氏は、自分の機嫌が良くない日には、子供を叱らないようにしていたそうです。機嫌の善し悪しで叱ってしまうようではプロ失格。大村先生のように自らを戒めていきたいものです。

Lesson 1-3
一緒になって思い切り遊ぶ

時には子供と同じ目線まで降りる
すると距離がぐっと縮まる

● 一緒に遊ぶと距離が縮まる

　仕事上でしか付き合いがない人と、ざっくばらんな飲み会に一緒に参加すると、それまでとは違って一気に打ち解けることができる。そんな経験はありませんか。だからこそ、宴会というものが大切にされるのです。

　子供との関係も同じです。授業や生徒指導という場面でしか付き合いがないのは、仕事上だけでつながっている同僚と同じです。

　では学校では、どのような場面が、仕事を離れた状況と言えるのでしょうか。それは休み時間です。休み時間に一緒に遊ぶと、子供との距離感はぐっと縮まります。我が子が小学生の時によく言っていたのは、「今度は一緒に遊んでくれる先生がいいなあ」ということです。多くの子は、そんな親しみのわく教師を求めているのです。

　また、一緒に遊んでいると授業では見えない、その子の素顔が見えることもしばしばあります。「こんな行動をするんだ」と、意外な一面に気付くことができます。

　遊ぶ場所は教室でも良いのですが、特におすすめなのは、外で体を使って遊ぶことです。外ならクラス全員で遊ぶこともできますし、一緒に汗を流すことで仲間意識が芽生えます。1日に1回は外に出るようにしましょう。

なお、遊ぶ内容を子供任せにしておくと、「ドッジボール」しかやらないということになりかねません。「陣取り」や「S陣」「どんじゃんけん」などの楽しい遊びを、定期的に教師が紹介していきましょう。そのうち、クラスのお気に入りの遊びが定着していきます。

● 仲間として遊ぶ

　子供と遊ぶ時には、教師も仲間として接しましょう。決してお説教をしたり、自分が仕切る場にしたりすることがないように留意します。一緒になって夢中になって遊べば良いのです。
　「先生、そんなにムキになって大人げないよ」
と言われるくらいでちょうど良いのです。
　とはいえ遊んでいれば、トラブルが起きることもあります。そんな時も、できるだけ仲間として関わるのです。
　「○○君は……というところが良くなかったと思うけど、△△さん、どう思う？」
と優秀な子供になりきって、話をまわりの子に振っていくのです。そうやってみんなで話し合って解決するように仕向けると、子供たちは自分たちでトラブルを解決するすべを学んでいきます。

ワンポイント★アドバイス

夢中になって遊ぶだけでなく、時には冷静に子供たちの遊びの様子を観察することも必要です。そういう意図がある時は、少し離れた位置や校舎の高いところからクラスの子供たちを観察しましょう。いじめの発見などにも効果的です。

Lesson 1-4

机間巡視で子供とつながる

子供とどうつながるか
毎日無理なく行うには

● クラス全員と毎日コミュニケーションがとれているか

　一人ひとりを大切に。
　おそらく日本中の学校で、こうしたスローガンが掲げられているでしょう。まさに基本中の基本、大切な考え方と言えます。
　では、一人ひとりを大切にするとはどういうことか。具体的に何をどうしていけば良いのかということについては、あまり語られていないのが実情ではないでしょうか。
　スローガンをスローガンで終わらせない、具体的な取り組みが必要です。
　一人ひとりを大切にするために、まず一番に心がけなければならないことは、毎日１回はクラスの全員と一対一のコミュニケーションをとるということです。１日に１回も関わらないで、その子を大切にしているとは言えません。

● こうすれば無理なくコミュニケーションがとれる！

　では、どうやって一人ひとりとコミュニケーションをとるのか。例えば、日記を書かせる、生活ノートを提出させるなどの取り組みが考えられます。そうした取り組みは、余裕があれば、ぜひやって

ほしいと思います。

　しかし、無理なく続けられることも大切です。日記を毎日読み、コメントするというのはなかなか大変なことです。

　そこでおすすめなのが、机間巡視しながら声をかけるということです。

　机間巡視しながら、「おっ、いいね」「すごい」などとほめたり、「もう少しでできるね」などと励ましたりします。「おもしろいデザインの鉛筆だね」など、たまには授業と関係ないことを話しかけるのも良いでしょう。とにかく、1時間の授業で1回は一人ひとりに声をかけるのです。これを1日5時間の授業で行えば、5回も声をかけることができます。

　その際、子供とアイコンタクトをとって、優しく微笑みかけることができれば、さらに言うことなしです。目を合わせたほうが、子供は教師とコミュニケーションをとったという実感を持ちます。

　こうしたことを行うために必要なのが、1時間の授業で個人作業の時間を最低でも10分はとるということです。教師が話をしてばかりの授業ではこうした取り組みはできません。子供がじっくりと考える時間を確保するようにしましょう。その時間を確保することは、学力の向上にもつながります。ぜひとも教師がクラス全体に向けて話す時間を削り、個別に声をかけるように心がけましょう。

ワンポイント★アドバイス

しーんと集中して作業しているために声をかけにくい場合は、赤ペンで○をつけるだけでも良いでしょう。「よくできました」「素晴らしい」とコメントのついたキャラクタースタンプを押して回るのも良いですね。

Lesson 1-5 子供に教師を評価させる

子供が教師をどう見ているのか
それが指導の手がかりになる

●「先生の通知表」をつけさせよう

　通常、通知表は教師が子供を評価し、それを保護者に伝えるために作成します。しかし、時には子供たちに教師を評価させる取り組みをしてみましょう。いわゆる、「先生の通知表」というものですが、自分の指導を振り返る貴重な資料となります。
　具体的には、次のように行います。
　「みんなに『先生の通知表』を作ってもらおうと思います。今日から１週間時間をあげるので、その間にどんな評価にするか考えておいてください」
　いきなり評価させるのではなく、観察期間を設けます。そのほうが、子供たちも評価するのだという意識を持つことができます。
　評価させる項目は、例えば次のようなものです。
①教科の教え方
　教えている教科を３段階で評価させます。とても良ければＡ、おおむね良ければＢ、もっと頑張ってほしいという場合はＣです。
②行動の記録
　いくつか項目を作成し、当てはまるものには○をつけさせます。例えば、
　・みんなに平等に接している

・困った時にはすぐに相談にのってくれる

など実態に応じて書くことを決めましょう。

③自由記述欄

ここには担任に関して、何でも自由に書いて良いことにします。ただし、長所や頑張っていることも書いてほしいとリクエストします。短所を指摘されるだけだと、自分のモチベーションが下がってしまいますので、良いことも伝えてもらいましょう。

● 評価に一喜一憂しない

子供に通知表を渡す時に、「結果に一喜一憂しないように。大切なのは、これをどう今後に生かすかです」といった趣旨を話しますよね。この「先生の通知表」も同じです。

例えば国語の評価が低かったら、教材研究を深め、より良い授業にしていくように努力すれば良いのです。その際、どうして評価が低くなったのか、子供たちに素直に聞いてみましょう。そして子供たちの意見を参考に、授業を変えていくことを宣言するのです。すぐに授業が改善されることはないでしょうが、「先生は自分たちのために努力している」とわかってもらうことが大切です。それが信頼につながるのです。

ワンポイント★アドバイス

極端に低い評価をつけてくる子がいる場合があります。そういう子は、何かをアピールしているのです。注意深く見守ったり、じっくり話を聞いたりする必要があります。

教室に笑いをつくる

良いクラスの条件
それはよく笑うこと

● 笑うクラスは良いクラス

　笑うことでストレスが解消され、健康になるというのはよく言われることです。「笑い療法」という治療法を実践している病院もあるそうです。

　教室に笑いがあふれることで、子供たちは楽しく、リラックスして過ごすことができます。自然と心が開かれ、みんなが仲良くなれます。良いクラスは、よく笑うものです。

　逆に楽しい話をしても反応に乏しく、しらっとした雰囲気のクラスもあります。そうしたクラスには、トラブルが多いものです。また、みんなで笑うことを阻害する要因が潜んでいることも多々あります。

● こうやって笑わせよう

　しらっとしたクラスであっても、毎日笑うことによって雰囲気がほぐれてきます。クラスの問題点も口に出せるような、良好な人間関係づくりにもつながります。

　ですから、ちょっと雰囲気が硬いなというクラスの場合、まずは教師が子供を笑わせるように心がけましょう。

その際、人を笑わせるのが得意な教師は良いのですが、そういうことは苦手という教師もいるでしょう。そこでおすすめしたいのが、ちょっとした小話やだじゃれを用意しておくというものです。それを授業に飽きたなという時や、授業の始めに話します。こういうのを話の小銭と言います。小銭をこつこつ貯めておくと、役に立つことが多いものです。初めは笑ってもらえないかもしれません。しかし「頭の良い子は笑える！」などと言ってから話すと、少しずつ笑う子が増えてくるものです。書店に行けば、小話の本がたくさんありますので、日頃から情報収集しておきましょう。

　授業中にわざと間違えるというのも有効です。

「２×３は５だから……」

「違いますよ。６です」

「ごめんね。２×３は７だったね」

というようにとぼければ、盛り上がります。私は、国語で重要な部分をわざと間違えて注目させるという手法をよく使っていました。

　笑いながら、重要な部分を意識させることができるので、一石二鳥です。

　おもしろい子を活躍させるのも良いですね。クラスに１人や２人はお笑い芸人のような子がいるはずです。そういう子を認め、大いにほめましょう。それだけでクラスは盛り上がるはずです。

ワンポイント★アドバイス

安易に、流行のお笑い芸人の真似をするのは避けたほうが良いでしょう。笑わせれば良いというものではありません。教師としての品格も大切です。

Lesson 1-7

子供に教師理解の機会をあたえる

時には教師としてではなく、人間として接する
それにより相互理解が進む

● 人間として理解される

「生徒を理解するのではなく、教師が生徒に理解してもらう」

これは茨城県で校長を務めた青木剛順先生の言葉だそうです。教師はしばしば、「生徒理解」という言葉を口にします。しかしそれと同じくらい、「教師が生徒に理解してもらう」という視点は大事だと思います。

ついつい我々教師は、自分を理想的な人間として子供に接しがちです。勤勉で、不平不満を言わず、何事にも積極的に取り組む。でも実際には、苦手なこともあるし、弱い部分もある。

それを全部さらけ出す必要はないですが、時に、ちょっとした人間くささは出したほうが良いのではないかと思うのです。

昔、先輩に、

「教師としてのあなたではなく、人間としてのあなたを、どう子供たちに理解してもらうのかも大事だ」

とアドバイスされました。青木先生の言うことと本質は同じです。

● こんなふうに理解してもらう

ではどうやって、子供たちに自分を伝えますか。

私は若い頃は、まずは一緒に遊ぶことから始めました。一緒に遊ぶ時に、教師面を捨てて、無邪気に遊ぶのです。そんな素の姿に子供は親しみを持つでしょうし、教師のキャラクターというものを理解していきます。

　また、ちょっとした出来事を授業の合間に話すようにしました。最近読んだ本のことや、社会の出来事で気になっていることです。「先生はこんなことを感じながら生活しているのか……」と、子供は興味津々に聞いてくれるものです。

　話の中で特に子供に人気があったのは、自分の失敗談です。失敗した様子を語ると、みんな生き生きと話を聞いてくれます。そして、

「先生も子供の頃、怒られたんだね」

と、嬉しそうに話しかけてくる子が多かったものです。

　教師として縦関係で子供と付き合うことも大切ですが、時には自分をさらけ出してみてはどうでしょうか。

ワンポイント★アドバイス

失敗談を話すと親しみを持つだけでなく、それが教訓として生かされるという側面もあります。教師が高いところから、「○○しなさい」と説教するより、「先生のように失敗しないように頑張ろうね」と伝えたほうが素直に聞き入れてもらえます。

Lesson 1-8 子供を信じる

教師が子供の可能性を信じ抜く
すると子供はぐんぐん伸びる

● 気持ちは伝わる

　自分が嫌っている相手からは、逆に自分も嫌われるものです。言葉にしなくても、気持ちは伝わってしまいます。
　「この子は伸びる」と教師が信じた子は、実際に伸びていくというピグマリオン効果も同じです。教師の期待が子供に伝わり、その子のやる気を高めていくのです。言葉でいくら「いいね」「頑張っているね」と言っても、口先だけならば子供の心には届きません。ですから、教師はどの子も無限の可能性を秘めていること、今よりももっともっと伸びていくはずだという信念を持って、指導に当たっていく必要があります。
　しかし、そうは言ってもクラスには様々な子がいます。欠点ばかりが目につき、「この子が伸びるなどということがあるのだろうか？」と疑わしく思うこともあるでしょう。そこで、普段から意図的に子供の良さをたくさん見つけておくことをおすすめします。

● 子供の良さを書き出す

　私は担任時代、座席表を大量に印刷しておき、授業後のちょっとした時間や放課後に、子供の良さを書き込んでいくようにしていま

した。1日に1枚用意するのですが、数人分しか良さを書けない日もあると思います。ですが、あまり無理をせずに、とにかく続けていきましょう。その座席表を蓄積していくと、だんだん一人ひとりの良さがわかってくるものです。

ある程度書き込みがたまったら、それを名簿に転記していきます。その際、「この子はいつも人の役に立つことを進んで行っているなあ」などと、一人ひとりの子の良さを実感していくのです。

しかし、ほとんど良さを書き込めない子もいます。ついその子の悪いところばかりが浮かんでしまいます。

そんな時は、ネガティブな言葉をポジティブに言い換えるようにしてみましょう。例えば、「いい加減」という言葉を言い換えると「おおらか、仕事が早い」ということができます。すると、「そうだよなあ、確かにA君は、おおらかな子だよな」とプラス面が見えてきます。こうしたことを繰り返すうちに、自分のクラスの子供たちの可能性を信じられるようになるのです。

なお、ネガティブな言葉をポジティブに言い換える、「ネガポ辞典」というアプリがあります。スマートフォンなどが使える環境にあったら、ぜひ参考にしてみることをおすすめします。

ワンポイント★アドバイス

ネガティブな面に目をつぶるということではありません。いけないことはいけないと、厳しく指導することも時には必要です。ただし、その裏側に、この子はもっと伸びるのだという教師の思いが不可欠なのだということです。

COLUMN I

後生畏るべし

　孔子は、「後生畏るべし」と言いました。若者は様々な可能性を秘め、今後、どれだけ優れた人物になるかわからない。だから見くびってはいけない、ということです。

　子供たちと一緒に生活していて、何度もこの言葉を思い出しました。10年くらいしか生きていない子供たちですが、様々な素晴らしい面があります。

　とても優しい子、実に努力家な子、するどい発想をする子……。教師とは、可能性に満ちた若者と過ごせる幸せな職業だと、しみじみ思います。

　教頭になり、今度は、若い教師の人たちに対して同じような思いを持つようになりました。もちろん、彼らは教師になって数年しかたっていませんから、技術的にはまだまだ未熟です。見ていて、はらはらする部分もあります。

　でも、子供とのコミュニケーションや、教材のとらえ方などで、こちらがはっとすることがあります。特に、素直で、感じの良い若者が多いことに驚きます。まさに後生畏るべし、将来が楽しみでなりません。

　実は孔子の言葉には、続きがあって、「四十五十にして聞こゆることなきは、これ亦畏るるに足らざるのみなり（40歳や50歳になって世間に功績が残せないようでは、恐れるに足りない）」と言っています。つまり私の場合、もうほとんど手遅れなわけですが、当時と違って今は人生80年。都合良く数字を読み替えて、自らを鼓舞する毎日です。

Lesson 2

クラスの問題を未然に防ぐ！
学級のシステム&ルールづくり

ここでは、学級を落ち着かせるために必要となる基本的なシステムやルールづくりについて紹介しています。ルールがなければスポーツが成立しないのと同じように、ルールのない生活は不安定です。枠を決めることで、子供たちが気持ち良く生活できるようになります。

Lesson2…実践者の声

> 子供たちが生活しやすい学級になりました！

（女性教諭／教師歴7年目）

　これまでは、何か問題が起こってから、できないことを教師が叱るということが多く、なんとなく窮屈な学校生活になってしまっていたように思います。消火活動にばかり目がいき、防火という意識が弱かったと思います。
　今回、このレッスン2を実践し、意識的に学級のシステムやルールづくりを行いました。
　ルールが明確になることで、問題が減ったり、子供同士が生活しやすくなったりしたように感じます。教師が積極的に子供たちに働きかけることで、子供自身が進んで動くようになりました。また、互いに声をかけ合うことのできる学級集団になっていきました。そのため、私自身が子供の「できること」に目が向くようになり、子供をほめる機会が増えたように思います。
　クラスづくりの土台として、学級のシステムやルールをしっかりつくっていく大切さを改めて実感しました。

Lesson2-1 発言の仕方、聞き方を指導する

　話の仕方はレッスンの実践の通りに、ポイントを絞って繰り返し指導していくことで、無駄な発言が減りました。また、話すことに自信のない子も「書く→それを読む」というステップにすることで、クラス全体の前で発言ができるようになりました。

　話を聞く時は、「いくつの話をするか、考えながら聞いてね」と声をかけてから話し始めると、普段よりもきちんと聞いている子が多くなりました。教室で何度も練習していると、全校集会や放送などでも同じような聞き方で話を聞く子も増えています。話のあとで内容についてクイズ形式で確認するようにすると、集中力が続かない子も一生懸命聞くようになり、盛り上がりました。

Lesson2-3 学校の約束を守らせる

　本書の実践の中で、1つに絞ってそれを徹底することを教えられました。ついつい何もかもできるようにしたいと思いがちですが、自分のなかでこれだけはというものに力を入れていけば良いのだとわかり、ポイントを絞った指導ができるようになりました。

Lesson2-6 一人一当番を割り当てる

　実践を行うことで、当番活動への取り組み方は大きく変化しました。一人一当番の割り当てで仕事を明確にし、毎日必ず仕事があるようにすることで、しっかりと責任を果たす子供が増えました。自分が仕事をすることが、クラスの役に立っていると感じられるようになり、自信をつけたようです。

　印象的だったのは、隣同士で当番活動の取り組みについて話し合った時に、普段は素直になれないＡ君が、隣のＢさんから、「いつも黒板をきれいに消してくれてありがとう」と言われ、それに対し、とても良い笑顔で反応していたことです。そんなＡ君の姿を初めて見ました。

Lesson 2-1

発言の仕方、聞き方を指導する

話す、聞くはコミュニケーションの基本
まずはこの指導から

● 無意味な発言促進策は用いない

「毎時間1回は発言しよう」という目標を掲げているクラスがあります。しかし大切なのは、「発言すべき時に発言する」ということです。単に発言するように促すのは、あまり意味のあることではありません。

「うちのクラスの子は発言しなくて……」
と悩む若い教師が多いですが、まずは特におしゃべりな子をしつけていくことから始めるべきです。

- 発言は短く
- 求められた時だけ

ということを徹底しましょう。

逆に話をしない子には、ノートに考えを書かせ、求められた時にはそれを読むように指導していきます。

● 聞く子を育てる

むしろクラスづくり、授業づくりの土台となるのは、「聞く子」を育てるということです。「聞く」というインプットをたっぷりと行うからこそ、「話す」という活動が生きてくるのです。

「聞く子を育てる」ために大切なのは、まずは教師が「子供が聞きたくなる」ような話をするということです。熱心に聞き浸るという経験をさせ、「話を聞く楽しさ」を味わわせることが、聞くことの土台となります。その上で、次の指導をします。

①聞く姿勢づくり

姿勢を正し、へそを話し手に向けます。目でも話を聞くような意識で、話し手を見て、反応するようにします。反応するというのは、頷いたり、相づちをうったり、笑ったりするということです。聞き手が良い反応をすると、話し手はどんどん話がうまくなると教えましょう。聞く姿勢の良い子、反応の良い子をどんどんほめ、真似させるようにすると効果的です。

②聞く技術の指導

話は、「いくつのことか」と指を折りながら聞くと良いと教えます。朝の会で話をしたら、「今、先生はいくつの話をしたかな？」と聞いてみましょう。何度も繰り返すと、「いくつ」を意識して聞けるようになります。

また、それぞれの話をひと言でいうとどうなるかを考えながら聞くと良いことも教えます。例えば、「先生は３つの話をしたけど、それぞれどんな話だったかな？」と質問し、隣同士で相談するような機会を頻繁につくっていくと、次第に身に付いてきます。

ワンポイント★アドバイス

聞いたことを活用する場面を多くし、聞く力を鍛えていくことも大切です。連絡事項を黒板に書かずに、教師が読み上げたものをノートに書かせる聴写に取り組んだり、集会での校長先生の話を振り返らせたりしましょう。

Lesson 2-2

すばやく着席させる

授業の始まりを守らせる
授業のしつけはここから

● 時間を守ることこそ最重要

　少しの乱れが大きな乱れにつながります。
　特に授業時間になっても遊んでいたり、授業準備ができていなかったりするのは、授業と休み時間の区別がつかなくなってきているということです。まさにクラスの乱れの予兆と言えます。こうした予兆を放置しておくと、やがて手のつけられない状況に陥ります。
　「チャイムが鳴ったら座ろう」と掲げているクラスがありますが、それでは不十分です。チャイムが鳴り終わった時、すぐに学習が始められるようになっている。ここまでこだわらないと、指導になりません。
　では、どうやって着席させると良いのでしょうか。

● 楽しく厳しく二刀流で

　初めは遊び感覚で行うと良いでしょう。チャイムが鳴ったら（ノーチャイムの学校は時間になったら）、カウントを始めます。教師が、
　「10、9、8、7……」
とカウントダウンしていきます。低学年の子供たちなら、一緒に声を出し始めます。

10カウントで全員が座れたら、
「全員が座れたので合格です！　おめでとう!!」
と言って、みんなで拍手します。何人かできていなければ、
「残念ながら、3人できていません。次は頑張りましょう」
と言って、全員達成を次回に持ち越します。ねちねち叱らず、あくまでゲーム感覚でやりましょう。何度かやれば、子供たちは、互いに注意し合うようになります。
　これができたら、レベルを上げます。ただ座るだけでなく、ノートを出していたら成功とします。さらに、教科書で今日学習する部分を開いていたら合格など、レベルアップしていきます。
　時には厳しい指導も必要です。時間になったら授業を開始してしまいます。遅れて教室に入ってきた子供たちは、立たせておきます。そして1分ほどしたら、「座りなさい」とだけ指示します。ここで、ぐたぐたと説教する必要はありません。毎時間続けていけば、次からは気を付けようという子が増えていきます。
　ある程度できてきたら、「1週間、全員がチャイム着席を守る」などのクラス目標を立てさせます。クラス全員で達成しようと声をかけ合いながら取り組めば、それまでのんびりしていた子供たちも頑張るはずです。

ワンポイント★アドバイス

子供に時間を守らせるための大原則は、教師が時間を徹底して守るということです。特に授業の終わりは1分たりとも延ばさないという覚悟が必要です。万が一延ばした時は、その分、休み時間を長くするなどの配慮をしましょう。

Lesson 2-3

学校の約束を守らせる

ルールを一人ひとりに浸透させる

● 学校の約束の徹底を

　学校ごとに、生活に関わる様々な約束があるはずです。例えば、シャープペンシルは使わない、校舎の裏では遊ばないなどです。こうしたルールを、まずは学年当初に徹底するというのはよく知られた実践です。大切なのはここからで、そうした約束は次第に破られていきます。この約束破りをいかに早く見つけ、正していくかが学級の規律づくりには欠かせません。

　そのためには、教師がよく目を配っておくとともに、ルールを確認する時間を確保しておくことが重要です。例えば10個の約束がある学校なら、朝の会で1日に1個ずつ確認していきます。

　「今日は、学習に関係ないものは持ってこない、という約束に特に気を付けましょう。もし持ってきてしまった人は、しまっておきましょう」

　このように話をし、その日は不要なものを持ってきていないか、特に目を配るのです。

● 個別に答えず、全体に返す

　約束に関して様々な質問が子供から出てきます。

「新聞作りの時は、シャープペンシルを使ってもいいですか？」と聞かれたことがありました。こういう時、即答は避け、学年主任や生徒指導担当に確認します。そして、クラス全員に向けてその可否を伝えます。

これを確認せずに伝えてしまい、あとから「やはりだめだった」という事態になると、「先生は言うことがころころと変わる」と子供の信頼を失います。

● 学級の約束の場合は

学校の約束の他に、学級の約束をつくる場合もあるでしょう。その場合も、指導の原則は同じです。1日に1個確認していき、それを徹底します。

ただし、学級の約束の場合は、その約束自体に無理がないか、より良く変えることはできないかなどを、子供たちに話し合わせるようにしましょう。

大人も同じだと思いますが、トップダウンで決まったことに対しては、それを守ろうという気持ちが高まりにくいものです。しかし自分たちで決めたことは、守っていこうと思うものです。

ワンポイント★アドバイス

子供たちに約束を考えさせる時には、何かを禁じるのではなく、「にっこり笑顔で挨拶しよう」など、前向きな行動を促すようなものを考えさせましょう。禁止ばかりでは、窮屈なクラスになってしまいます。

Lesson 2-4

席替えで学習効率を高め、人間関係を広げる

だれをどの座席に座らせるのか
それをコーディネートしよう

● 席替えを戦略的に行う

　無自覚な席替えを繰り返すと、それがトラブルにつながりかねません。

　席替えは、教師が戦略的にコーディネートしていくべきです。それにより、学習効率を高めたり、人間関係を広げたりすることができます。

①初めは出席番号順に座らせよう

　名前と顔を一致させやすいので、年度始めは番号順にします。この順番のメリットには、子供に出席番号順の並び方を覚えさせやすい、調査表などの回収が効率よくできるなどもあります。

②慣れたら、ローテーションさせる

　様々な子と隣同士にさせることで、人間関係を広げていきます。

　例えば、3日間ごとに縦列すべてを移動させるのです。やり方としては、1の列全員がそのまま4の列に移動します。4の列は3の列へ、3の列は2の列へと移動します。こうすると、隣の子が3日ごとに変わります。班はつくりにくいので、掃除や給食の当番は出席番号をもとに決めておくと良いでしょう。

③個々の実態に応じた座席に

　元気な子を前にしてしまいたくなりますが、それでは前のほう

だけで授業が進むことになってしまいます。子供たちの性格を把握したら、元気な子を後ろに配置するようにしましょう。すると教室全体に活気が広がります。男女のペアでも工夫ができます。

- ・元気の良い男の子と静かな女の子
- ・世話好きな女の子とのんびりした男の子

こんなペアをつくると、お互いの足りないところを補い合い、自然と仲良くなっていきます。

● 時には子どもに任せる

席替えの主導権は教師にあるべきですが、いつも教師が場所を指定するだけでは、席替えを通して子供たちに人間関係を学ばせる機会を奪ってしまいます。

- ・男女別に希望席をじゃんけんで決める
- ・あみだくじで決める
- ・班長は立候補で決め、班員はくじで決める
- ・男女それぞれでグループをつくり、合体させる

など、席替えには様々な方法があります。慣れてきたらそれぞれのメリットやデメリットを話し合わせた上で、どの方法で行うか、子供たちに任せてみましょう。

ワンポイント★アドバイス

子供たちは席替えをとても楽しみにしています。定期的に席替えを行うとともに、次回はいつなのかもあらかじめ示しておきましょう。

Lesson 2-5 朝の会を充実させる

朝一番の指導
それが1日を決める

● 朝の会を有意義なものに

朝の会のプログラムについては、オーソドックスなもので構わないと思っています。例えば、

- **朝の挨拶**
- **健康観察**
- **朝の歌**
- **係や先生からの連絡**

などでしょうか。ここにスピーチを入れたり、目標を確認したりする取り組みもあります。

しかし、朝の会でまずこだわりたいのは、「健康観察」と「歌」です（「歌」は入れていないクラスがあるかもしれませんが、ぜひ取り入れましょう！）。

例えば、「健康観察」で子供の名前を呼びます。すると、まとまっているクラスでは、だれもが大きな声で返事をします。「歌」も同じです。何人かの子しか歌っていないクラスは、覇気がありませんし、親和的とも言えません。何となく居心地が悪いのです。

大きな声は、心が解放され、安心感のある場でないと出すことができません。朝から、一人ひとりが大きな声が出せる。そんなクラスをつくっていきましょう。

● 学年に合わせて指導しよう

　低学年の場合、「ほめる」ことが基本です。大きな声で歌っている子を見つけたら、すかさずみんなの前でほめるのです。
「Aさんは、とっても大きな口を開けて歌っていたよ。すごくいいね」
　声の大きさを取り上げると、どうしても怒鳴り声になりますので、このような指示が有効です。次の日に、
「今日は、Aさんの他にも大きな口を開けて歌える子がいるかな？」
と言えば、ほとんどの子がしっかりと歌うはずです。
　返事も、「はいっ」と「っ」が入っている元気いっぱいの挨拶で良かったと伝えます。すると、低学年独特の、変な節のついた返事ではなくなります。
　高学年には、「なぜ、声を出すのか」を語りかけましょう。
　例えば6年生ならば、どんな卒業式にしたいのか考えさせます。そして、今の歌声で卒業式を迎えられるのかと訴えるのです。もちろん、教師がだれよりも大きな声で歌ったり返事をしたりします。
　高学年の場合、すぐには変化しませんが、妥協せずに指導し、少しの変化をほめ続ければ、次第に改善されていきます。

ワンポイント★アドバイス

なかなか声が出ない高学年を担任した時は、体育館や校庭で返事をさせたり、歌わせたりしたこともあります。子供たちから離れ、「先生に聞こえるように歌ってごらん」と指示しました。場所が変わることで、子供たちも開放的になり、楽しみながら声が出るようになります。

Lesson 2-6
一人一当番を割り当てる

仕事を割り当てることで
クラスの一員という意識を高める

● 一人に一当番を割り当てる

　クラスを機能させていくには、子供たち一人ひとりに、自分はクラスの一員であるという自覚を持たせることがポイントです。そのための方法として、一人に１つの当番を割り当てることをおすすめします。全員に、毎日クラスのために役立つ仕事をさせるのです。それにより、「自分がいるからみんなが気持ちよく過ごすことができるのだ。もっとこのクラスを良くしよう」という帰属意識が育ってきます。当番を班ごとにあたえる方法もありますが、互いに譲り合ったり、逆に押しつけ合ったりして、なかなかうまくいかないものです。クラスの人数に合わせて仕事を細分化していきましょう。

　例えば、人数の少ないクラスならば「電気・窓当番」ですが、人数が多い場合は「電気当番」と「窓当番」とします。さらに人数が多い場合は、「電気を消す当番」「電気をつける当番」とします。

　毎日必要で、やったかどうかがはっきりわかる仕事をつくっていきましょう。

● みんなが確実に行えるようなシステムをつくる

　いくら仕事を細分化しても、それをやらせなければ意味がありま

せん。そこで、カードを教室の壁面にぶら下げ、その日の仕事をしたらカードを返すなど、仕事を「見える化」しましょう。そうすれば、終わっていない子には声かけができます。給食終了時などに、カードが返っていない当番を読み上げれば、まだ仕事をしていない子への催促になります。

　また、仕事をしてくれた子へのねぎらいも忘れてはなりません。
「Ａさんがいつも窓を開けてくれるので、みんながさわやかな空気を吸うことができるね」
などと、自分がクラスみんなの役に立っていると実感させることが大切です。

　なお、こんな当番が考えられますので、クラスの実態に応じてアレンジしてください。

・電気（つける・消す）　・窓（前・後）
・整頓（机・棚・掃除用具）　・落とし物
・黒板（人数が多いクラスならば時間ごとに変える）
・朝の歌　・配付（宿題・手紙・連絡帳など種類ごとに）
・号令（時間ごとに）　・整列　・黒板の日付を書く
・配膳台準備　・配膳台を拭く
・健康観察板（持ってくる・持っていく）
・ゴミ箱　・連絡　・掲示

ワンポイント★アドバイス

慣れてきたら、子供たちにも当番を考えさせましょう。「授業が延びた時に先生に声をかける当番」などユニークな当番ができてくると、クラスの雰囲気が良くなります。

Lesson 2-7 給食当番のシステムをつくる

落ち着いているクラスかどうかは
給食の時間にわかる

● 給食の時間は休み時間ではない

　4時間目が終了すると、すぐに騒がしくなり、そのまま給食の配膳が始まるクラスがあります。そういうクラスは、衛生面でも問題がありますし、給食のルール自体が機能していない場合が多いのです。さらに言えば、その他のルールも守られていない可能性が高いのです。給食の時間の乱れは、クラスの乱れにつながっているものです。私は担任時代、

「4時間目が終了したからといって、休憩時間になるわけではありません」

と、4月の1回目の給食の時から話をするようにしていました。そして、自由に出歩いたり、勝手気ままに話をしたりして良い時間ではないということを徹底しました。その上で、次のように指導していきました。

①給食当番のみ席を離れ、給食の準備をする
②その他の子は本を読む、連絡帳を書くなどして静かに待つ

● 配膳やおかわりのシステムをつくる

　配膳のシステムは大きく分けると2つあります。

①**自席まで届けてもらう**

　給食当番を２班つくります。１班は給食を盛りつける係です。もう１班はそれをみんなに配膳していく係です。この方式は人の動きが少ないので、静かに過ごしやすくなります。しかし、慣れるまでは時間がかかる恐れがあります。

②**各自が取りに行く**

　給食当番は１班だけです。盛りつける係だけをします。各自自分の分をもらいに行きます。セルフサービスの店と同じようなやり方です。この方法は、短時間で配膳を行うことが可能ですが、やや騒がしくなりがちです。

　おかわりのルールもきちんと決めておく必要があります。力の強い子がいつもおかわりすることがないように、公平なルールを決めておきましょう。

　例えば、「いただきます」のあと、分けられるものは、教師が可能な限り均等に分けてしまいます。数に限りがあるものはじゃんけんで勝った子にあたえます。じゃんけんで騒がしくなるなら、日直の子が優先など、優先順位を決めておくのも良いでしょう。

　なお、食べ残しを少なくするために、あまり食べられない子は初めから「少なめ」とお願いするようなルールをつくっておきましょう。

ワンポイント★アドバイス

給食の規律面ばかり書きましたが、楽しく食べる工夫ももちろん大切です。適度な声量で会話しながら食べることは、食育という面からも推奨していきましょう。

Lesson 2-8

きちんと掃除をやらせる

掃除を通して
心を成長させる

● 働く喜びを感じさせる

　掃除での一番の問題点は、さぼる子がいるということではないでしょうか。では、なぜさぼるのか。それは働く意義を見い出せないからであり、またさぼった分はだれかがやってくれるという甘えがあるからです。

　そこで学年始めは、仕事を細分化し、そのことのスペシャリストになるように指導すると良いでしょう。

　例えば、教室の掃き掃除になった子は、それだけを2週間続けてやるようなシステムにします。掃き掃除が2人必要なクラスならば、左サイドはAくん、右サイドはBさんというように責任範囲もはっきりさせます。

　教師が心がけるのは、時間通り始め、時間が終わるまで続けさせるということと、しっかりできているかのチェックです。汚ければやり直しということを徹底する必要があります。しっかりやるのが当たり前になるまで、地道に粘り強く指導していきましょう。

　一方で、頑張っている子をほめることも忘れてはいけません。低学年、中学年ならば、頑張っている子を「ぞうきんがけ名人」「掃き掃除名人」などに認定すると、さらにやる気を増します。高学年の場合、日記や生活ノートなどに頑張りを認めるコメントを書くな

ど、そっとほめるほうが良いでしょう。

● やがて子供に任せる

　掃除は、単にきれいになれば良いというものではありません。掃除を通して子供を育てるという面も大切にしていきましょう。

　例えば掃除の最後は、決められたことではなく、どこをきれいにしようかと、自分なりの気付きを大切にする、「気付き掃除」に取り組ませます。そのことが、いろいろなことに気遣いができる心の成長につながります。

　集団としての成長にも、掃除を生かしていきましょう。そのためには、ある程度掃除に取り組めるようになったら、細分化をやめてグループに任せてみます。すると、様々なトラブルが起きるはずです。例えば分担が公平ではない、さぼる子がいるなどです。そうしたトラブルを、班や学級全体で話し合っていくのです。

　話し合ったからといって、すぐに改善するわけではありませんが、みんなで解決に向けて知恵を出していくという経験が大切なのです。高学年では、特にこうした段階を経験させることが、成長につながります。

ワンポイント★アドバイス

正しい箒の使い方を教え、それをビデオ撮影したり、整頓した用具入れを写真に撮ったりしましょう。その映像を学級会などで紹介すると、子どもたちのやる気がどんどん高まります。

COLUMN II

くれない病に要注意

　あの保護者は、子供の持ち物の確認をしてくれない。あの子は、自分の言うことをちゃんと聞いてくれない。あの先生は、私のやりたいことに協力してくれない。こんな「くれない病」には要注意です。

　この病気にかかると、様々な原因を外に求め始めます。何もかも、自分以外のだれかが悪いという思考に陥りがちです。

　そうなってしまったら、もう成長はできません。

　人のせいにしている限り、自分を省みて、改善していくことなどできないからです。

　すべての原因は自分にある。まずはそう思うことで、解決の糸口が見えてきます。もちろん、実際には自分以外のところに真の原因がある場合もあります。ですが、相手を変えることは至難の業です。相手の非を追及すれば、自分の気は晴れるかもしれませんが、それで相手が自分の行いを改めることは、まれです。結局、何も変わらないということになります。

　一方、自分のことなら今すぐに変えることができます。

　例えば、

　「あの子が話を聞かないのは、自分が聞きたくなるような話をしていないからだ。だから次は、あの子が聞きたくなるような話をしてみよう！」

　そう決めて、実行すれば良いだけです。相手のせいにして、相手を変えることに時間を費やすくらいならば、自分磨きに精を出すほうがよほど生産的です。「くれない病」は、何も生み出しません。

Lesson 3

クラス全体が伸びる！
子供を集団としてまとめる技術

ここでは、子供同士の関わりを深めるための実践を紹介しています。学級経営は、子供と教師の関係だけで成立するのではありません。集団だからこそ頑張れる、発揮できる力もあるという意識を持つことで、学級はぐっとまとまってきます。

Lesson3…実践者の声

> クラスが活気づき、良い雰囲気になりました!

(女性教諭／教師歴4年目)

　レッスン3の実践を通し、クラス全体が活気づき、良い雰囲気になったように感じます。朝から元気な挨拶が飛び交ったり、友だちの良いところを互いにほめ合ったりするようになりました。

　また、クラスのことを考え、行動する子が増えました。例えば、目標を意識し、声をかけ合う姿。イベントを成功させるために一生懸命に企画・運営をする姿。困っている友だちがいると、助け合う姿。このような姿がたくさん見られるようになったのです。

　こうした変化が起きたのは、挨拶を徹底させたことや互いにほめ合う活動で、心がつながったからだと考えています。また、クラス目標を持たせたり、イベントを企画させたりすることで、集団としての関わりが増え、自然と助け合えるクラスへと変わっていったのだと思います。

　個から集団へと、確実に成長しています。これからも実践を続けていきたいです。

Lesson3-2 目標を達成させてチームワークを高める

　まずは、レッスンの実践通りに、「チャイム着席」を目標としました。子供たちを見ていると、自分が意識するだけでなく、まわりに声をかけ始める姿が多く見られるようになりました。

　まわりに目を向けることが苦手なＮさんは、この実践を始めて間もなくすると、時計を意識して行動することができるようになりました。その行動をほめると、今度は友だちに「そろそろ時間だよ」と、優しく声をかけ始めたのです。まわりの友だちにも感謝されたり、ほめられたりしたことがきっかけとなり、自己中心的な行動が減りました。今ではＮさんは、まわりのことを考えて行動することができています。

Lesson3-4 互いにほめ合うクラスにする

　「よい子のノート」の実践を始めると、早速子供たちが良い行動をしたり、良いところを見つけたりし始めました。このノートのおもしろいところは、良い行動をしている子はもちろん、それを見つけた子（ノートに書いている子）もほめられるのです。学級に自然と笑顔があふれ、良い雰囲気が生まれました。

　友だちの悪いところを見てしまいがちな子が何人かいました。特に、人に対して不信感が強いＳさん。以前は、良いところをまったく見ることができませんでした。時には、批判したり、衝突したりすることもありました。自分と合わない人とは、一定の距離を取っているようでした。しかし、今では、「みんな一人ひとり、良いところがある」「みんな違うからおもしろい！」と言っています。Ｓさんは、この実践を始めてから、積極的に人の良いところを見つけ始めました。最初は、「Ｓさんは、良いところを見つけるのが上手だね」と、私や友だちにほめられるのが嬉しかったのでしょう。それが次第に、「みんな、それぞれ良いところがあっておもしろい」と思うようになっていったのです。そして、「良いところをほめると、自分が気持ち良くなる」ことに気付いたのです。

Lesson 3-1 いじめを出さないクラスにする

いじめがあるクラスでは子供たちは伸びていけない

● 消火ではなく防火が基本

　いじめが起きてから対処するのではなく、いじめを出さないような工夫が必要です。火が出てから慌てて消火するのではなく、日頃から火を出さないようにする工夫、つまり防火の教育が大切です。防火のために、まず行いたいのが、教師が覚悟を示すことです。
　「いじめは絶対に許しません。もしいじめをしている人がいたら、その人と戦います。いじめられている人を全力で助けます」
と宣言します。また、『わたしのいもうと』(松谷みよ子文、味戸ケイコ絵、偕成社、1987年)など、いじめを題材にした話を読み聞かせ、いじめがいかに卑劣なことなのかということを繰り返し伝えます。その際、教師だけが熱く話をするのではなく、子供たちにも大いに語らせましょう。クラス全体としていじめを許さないという雰囲気をつくっていくのです。

● いじめは素早い発見こそ重要

　とはいっても、それでもいじめは起こりえます。そこで、以下のような発見の手立てをとっておくことも大切です。
　◎**子供の観察**：沈んだ顔をしている子はいないか、休み時間にひ

とりぼっちの子はいないかなど、子供をよく観察します。気になる子にはそっと声をかけて話を聞きましょう。

◎**アンケートの実施**：毎月1回、簡単ないじめについてのアンケートを取ります。たわいのない相談事も多いのですが、丁寧に対応すると、子供は「先生は相談にのってくれる」と安心感を持ちます。この他にも、日記や相談箱の設置、定期的な面談など、多様な情報発見の手立てをつくっておくことが大切です。

● チームで素早く対応する

いじめを発見したら、一人で対応してはいけません。必ず管理職や生徒指導担当と相談しながら進めましょう。一人よりも複数で考えるほうが、より良い解決方法が浮かぶものです。

複数で対応するために必要なのが、正確な記録です。いつ、どこで、だれが、何をしたのか、メモ書きで構わないので記録に残しましょう。その記録をもとに対応を相談していくのです。

また、いかに素早く動くかがポイントとなります。相談を受けたら、12時間以内に何らかのアクションを起こしましょう。

ワンポイント★アドバイス

子供同士のほうがいじめを発見しやすいものです。しかし、教師への報告をためらう子もいます。そこで、「不審者を見つけたら警察に連絡するよね。いじめを見つけたら先生に報告するのは、それと同じだよ」と、日頃からこのような話をしておくこともいじめ発見につながります。

Lesson 3-2

目標を達成させて チームワークを高める

学級というチームを
いかにまとめていくのか

● 学級のチームワークを高めよう

　学級集団というチームを、いかにまとめていくか。
　それは教師の重要な仕事の1つです。チームワークが良ければ、学級は集団としての力を発揮し、より大きな成果を上げることができます。
　では、チームワークを高めるために、必要なことは何でしょうか。スポーツを例に考えてみましょう。「絶対に優勝する」という目標が明確なチームほど、チームワークが良くなっていきます。全員が「優勝」という同じ方向を向いているので、これは自然なことです。また、実際に優勝すれば絆が深まり、さらにチームワークが良くなっていきます。
　つまり、全員が同じ目標に向かって努力し、その目標を達成するなかでチームワークが高まっていくのです。
　このことをヒントに、学級のチームワークづくりについて考えてみましょう。

● 小さな目標達成から始める

　いきなり達成不可能な目標を掲げても、チームワークは高まりま

せん。「頑張ればできそうだ」と思うからこそ、同じ方向を見て頑張ることができるのです。ですから、まずは小さな目標を立て、それを達成させるようにしましょう。

　例えば、「チャイムが鳴り終えるまでに全員が着席する」を目標にします。朝の会などで、この目標に向かってみんなで協力しようと呼びかけます。これは、比較的簡単に達成できるはずです。そこで、目標が達成できたら、大げさなくらいみんなで拍手し合い、
　「こんなにチームワークの良いクラスは見たことがない！」
とほめたたえましょう。

　次に、少しハードルを上げ、午前中すべてチャイム着席を達成しようと呼びかけます。これもそれほど難しい目標ではないので、じきに達成できます。そこで再び喜び合うのです。

　このように、みんなで何かを成し遂げることを日々味わわせていくのです。そして、みんなで達成する心地良さを感じさせるのです。

　こうした経験をたくさんしていくうちに、子供たちのチームワークは次第に良くなっていきます。

　ここまでできたら、達成困難な目標にも挑戦させましょう。困難な目標を達成した時ほど、チームワークは高まるものです。

　なお、高学年には、自分たちでどんな目標を達成したいのかを話し合わせ、自治的能力を伸ばしていきましょう。

ワンポイント★アドバイス

学級活動などで、グループワークトレーニングといったチームでの協力が欠かせないゲームを取り入れていくと、子供たちはチームワークとはどんなことか楽しみながら理解することができます。チーム対抗のレクリエーションなども有効です。

Lesson 3-3

互いに助け合える クラスにする

自然と助け合えるクラスであるか
それが学級経営のバロメーター

● 困った時に助けてくれるか

　専科の授業でいろいろなクラスに入ります。
　挨拶を終え、さて授業を始めようかと思うと、チョークが見あたらない、磁石が見つからない、といったことがあります。どこにあるのだろうかと辺りを探し始めると、こちらが何も言わなくても、子供がチョークや磁石を持ってきてくれるクラスがあります。
　そんなクラスは間違いなく、雰囲気が良く、授業がやりやすいものです。自然と助け合えるクラスなのです。
　教師が困っているのを察知し、自然と手助けできるのですから、子供同士でも助け合いができているはずです。
　一方で、教室中を探し回っているのに、ほとんど反応のないクラスもあります。このような、教師の手助けさえできないクラスでは、そもそも「助け合う」という概念がないのではと、危惧してしまいます。

● こうやって助け合えるクラスにしよう

　助け合えるクラスにするには、まずは、教師が子供の手助けを積極的に行うようにしましょう。

例えば、忘れ物をして困っていたら、
「はいどうぞ、これを使っていいよ」
と貸してあげましょう。たくさんの荷物を持っていたら、「半分持つよ」などと声をかけましょう。まずは、教師が率先して子供を助けるのです。

次に、自分が助けてほしい場面でも、子供たちにどんどん声をかけるようにします。例えば、プロジェクターの映像を見る時に、教室を暗くしたかったら、
「だれか電気を消してくれないかな」
と言います。すると、きっと気の良い子が電気を消してくれるでしょう。そこですかさず、
「助かったよ。そうやって、すぐに手助けしてくれる人がいて嬉しいな」
と伝えます。「手助けしてくれる人は偉い」というような言い方ではなく、「嬉しい」と感情を伝えたほうが、「やってよかった」と思わせる効果があります。

こうしたことを繰り返すと、どんどん手助けをしてくれる子が増えていきます。そうすれば子供同士にも、自然と助け合いが生まれていきます。

ワンポイント★アドバイス

社会科で高名な有田和正先生の実践に、手紙を渡す時に「はい、どうぞ」と言い、もらうほうは「ありがとう」と言って受け取るというものがあります。人に何かしてもらったら、すぐに「ありがとう」と言えるようにしておくことも、助け合いの土台となります。

Lesson 3-4

互いにほめ合うクラスにする

子供同士でもほめ合う
それをシステム化する

● 子供同士でもほめ合えるようにする

　教師が子供を認め、ほめる大切さはLesson1-1に書きましたが、ぜひ子供同士でも、ほめ合えるようにしましょう。仲間に認められ、ほめられるのは、教師からとはまた違った喜びがあるものです。
　こうした取り組みは、ともすると思いついた時にやるだけになりがちです。そこで、定期的にほめ合えるようなシステムをつくっていきましょう。
　例えば、「宝の木を咲かせよう」という取り組みがあります。帰りの会で、その日に頑張っていた友だちのことを発表するのです。
　「A君が、進んで教室のゴミを拾っていました。立派だと思いました」
　このように発表していきます。それを「花」の形に切った紙に書いていきます。模造紙で作った木を壁に貼っておき、「花」をつけていきます。すると、次第に「花」が満開に近づいていきます。
　最初はあまり細かいことは言わず、思い思いに発表させれば良いでしょう。しかし、やがていつも決まった子だけが取り上げられるなどの問題が出てきます。
　そうなってきたら、その日の日直の子のことは必ず発表するなどの工夫をさせていくようにしましょう。全員の名前が「花」として

飾られるような配慮が必要です。

● **教師の記録にも残そう！**

「宝の木」の発表を聞きながら、私はその内容をノートに書き取っていました。子供についての大事な情報として、良いところを記録しておけば、個人面談で保護者に伝えたり、通知表の所見欄に書いたりすることができます。子供同士ほめ合う風土を育てながら、情報収集もできるので、まさに一石二鳥です。

こうして記録していると、子供たちは、先生は何をしているのか気にし出します。そこで、そのノートを見せ、こんな風に話をします。

「これは『よい子のノート』と言って、みんなが頑張っていることを書いていくものです。1ページずつみんなの名前が書いてあります。もしだれかが頑張っているなということがあったら、先生に教えてくださいね。すぐにノートに書きます」

こう伝えると、いろいろな報告が入ってきます。

こうして、互いが認め合い、ほめ合える雰囲気がクラスに出てくれば、クラスづくりの土台はしっかりと固まります。

ワンポイント★アドバイス

高学年では、「宝の木」ではなく、「よい子のノート」への記載を子供たちに任せ、それを発表させることもありました。思春期の子供のなかには、名前を貼り出されることに抵抗感がある子もいるので、このほうが好評でした。

Lesson 3-5

フェアなえこひいきで学級をまとめる

だれもが自分こそひいきされている
そう感じる学級経営を

● いつも平等が良いとは限らない

　当たり前のことですが、子供には平等に接しなければなりません。
　しかし、平等だと思われるだけでは、より良い関係はつくれません。平等に接すると30人のクラスなら、いつも30分の1の愛情しかそいでもらえないということになります。
　人は「自分のことを大切にしてくれている」と感じてこそ、心が満たされ、信頼を深めるものです。30分の1ではなく、1分の1の愛情をそそぐ時間も大切にしたいものです。
　ある先生からこんな話を聞きました。ご高齢のお母さんが亡くなった時に、兄弟のだれもが
　「自分が一番かわいがられていた」
と主張したというのです。つまりこのお母さんは、それぞれの子を上手にえこひいきしていたのです。おかげでこの兄弟は、いつも心が満たされ、そのためとても仲が良かったそうです。

● こっそりフェアなえこひいきをしよう

　「先生は自分のことを一番大切にしてくれている。えこひいきしてくれている」

と、子供一人ひとりに思わせるような取り組みをしましょう。えこひいきといっても、クラス全員に行うのですから、フェアなえこひいきです。

ただし、このえこひいきは「こっそり」とやらなければなりません。みんなの前でやれば、「先生は平等にみんなをほめてくれる」となってしまい、効果的ではないからです。

では、どのようにひいきすれば良いのでしょうか。

- 教育相談の面接で、「あなただけが頼りだよ」と言う
- 日記で、「あなたのこういうところが素敵だね」と伝える
- 暑中見舞いや年賀状で、あなたがクラスにいてくれて良かったとひと言添える
- 連絡帳に頑張りを認める言葉をひと言添える

いずれにせよ、表面的な言葉ではかえって逆効果です。

「先生は調子の良いことを言っているだけだ」とすぐに見透かされます。

日頃から、子供たちの素敵な一面を見つけ出し、それを具体的に伝えることが大切なのです。先の例で言えば、「どういう部分を頼りにしているのか」「どのような部分が素敵なのか」を言えなければなりません。

ワンポイント★アドバイス

叱られてばかりのような子もいます。そういう子には、「最近よく頑張っていたから、今回のことは大目に見ておくよ。でも、他の子には、先生にたっぷり叱られたって言うんだよ」というようなひいきの仕方もあります。

Lesson 3-6

挨拶を徹底する

挨拶ができるというのは
心が開いているということ

● 自分から挨拶できるように

　なぜ、挨拶ができると良いのでしょうか。
　私は、挨拶を「自分からする」ことが大切だと思います。自分から挨拶できるというのは、相手に対して自分から働きかけることができるということです。つまり、心を開いているということです。
　互いに気持ち良く挨拶できるクラスは、心が通じ合っているクラスだということができます。また、卵が先かニワトリが先かではありませんが、互いに挨拶を交わすことで、心が通じ合っていくということもあります。
　ですから、初めは形が先行しても構いません。自分からどんどん挨拶し合えるクラスにしましょう。
　低学年ならば、「挨拶競争」が有効です。
　まずは、教師が教室に一番乗りします。そして子供が教室にやってくるたびに、
　「おはよう」
と声をかけ、
　「先生のほうが先に挨拶したよ。先生の勝ちだね！」
と大げさに言います。子供たちは悔しがって、次こそはと思うはずです。

先に来た子は、教師と同じように教室に来る子に先に挨拶するようになります。こういうことを続けると、教室が挨拶であふれていきます。

● 挨拶の意味を教える

　高学年には、意味を教えていくことで、挨拶ができるようにさせていくようにしましょう。
　「挨拶というのは、もともと相手のことを気遣う言葉です。あなたは人のことを気遣う優しい人間になりたいですか、それとも自分だけが良ければいいという人間になりたいですか？」
　こう聞けば、「優しい人間になりたい」と言うでしょう。そこで、「おはようとは、朝早くからという意味です。その後に、『頑張っていますね。大変ですね』という言葉が続くのです。そんな気持ちを込めて挨拶できるのが優しい人です」
　こうした意味が浸透すると、挨拶できる子が増えていきます。
　もちろんこうした指導の前提として、まずは自分自身が挨拶できているか、教師が自省することが大切です。「明るく、元気に、自分から」、子どものお手本となるように、まずは教師が徹底的に練習しましょう。

ワンポイント★アドバイス

「おはようございます」「こんにちは」だけが挨拶ではありません。「ありがとうございます」「失礼します」「よろしくお願いします」など、相手を気遣う言葉をしっかり言えるように指導しましょう。

Lesson 3-7

楽しいイベントで絆を深める

楽しいことを「共」にすると「友」になっていく

● 楽しいイベントを仕組もう

　学級みんなで一緒に何かを行うと、ぐっと人間関係の距離が縮まります。それが楽しいイベントなら、なおさらです。教師だって、職員旅行に行くと、職員同士の親密さが深まりますよね。それと同じような効果を生むのが楽しいイベント、お楽しみ会です。

　お楽しみ会は年間を通して計画的に行う場合と、イレギュラーに行う場合とがあります。

　計画的なものですが、まずは年に3〜4回くらいを計画させます。これを多くしすぎると、あとでイレギュラーなものを入れにくくなります。今までお楽しみ会をやった経験のない子が多い場合は、1回目を行ってから年間計画を立てさせます。

　留意したいのは、

- **みんなが楽しめる**
- **できるだけ子供たち自身の力で行う**
- **全員が関わる**

　この3点です。初めはうまくいかないでしょうが、企画から運営まで、なるべく子供に任せます。

　ほとんどの子供が経験のないクラスならば、1回目だけは教師が主導し、2回目からは子供たちで行わせます。

また一部の子だけで進まないように、準備は1班、運営は2班などと全員が分担するようにしましょう。
　イレギュラーな会は、「全員が1週間連続名札をつけてきた」など、ちょっと難しめの目標が達成できた時に行います。こちらは単純に楽しいということを優先したほうが良いでしょう。

●こんな内容がおすすめ！

　お楽しみ会の内容としては、手品や劇、ものまねなどが定番でしょう。歌合戦やスポーツ大会も盛り上がります。
　私がおすすめしたいのは、体育館で行う「玉合戦」です。雪合戦を、雪の代わりにお手玉で行います。玉に当たったらアウトで、見学に回ります。玉をかいくぐり相手の陣地にあるコーンを倒したら勝ちです。体を動かしながら協力することで、チームワークが高まります。

ワンポイント★アドバイス

イベントそのものよりも、その過程で子どもを育てるという意識を持ちましょう。うまくいかなかったら、なぜだめだったのか、それを話し合わせ、次につなげるようにします。

Lesson 3-8

責任ある立場につけて伸ばす

一人ひとりの責任感で
学級全体がまとまる

● 個々が生きてこそ、集団として動く意味がある

一見、集団としてまとまっているようで、実は一部のリーダーの活躍によってまとまっているだけ、というクラスがあります。数名のリーダーがきびきびと様々な指示を出し、あとの子供たちはそれに従います。すると、いろいろなことが子供主体で動いていきます。
「先生のクラスは、子供たちが自分たちで何でも進めてすごいですね」
とまわりの教師の評価も上々です。

しかし、こういうクラスでは、集団という名のもとに個が犠牲になっている可能性があります。リーダーではない子供たちは、
「どうせ自分はリーダーにはなれない。言う通りにしていればいい」
などと思っているのではないでしょうか。一人ひとりの子が生きてこそ、集団としてまとまった時に、より力を発揮できるのです。

● 立場が人をつくる

地位や立場が人をつくる、とはよく言うことです。
私も若い頃に、教師らしくなってきたと家族から言われたことが

あります。「自分は教師なのだ」と思えば、それにふさわしい行動をとろうとし、次第にそれらしくなっていきます。

　この考えを、学級経営にも生かしましょう。

　いつも同じ子にリーダーを任せていたら、他のリーダーは育ちません。輪番でリーダーとなるような仕組みをつくっていくのです。

　私は、班を5人編成でつくることが多かったのですが、班員の子供それぞれに番号をつけていました。例えば、A君は1番、Bさんは2番という具合です。そして、班の話し合いで、

「今日は2番の人が、司会として話し合いをリードしてください」

「今日は3番の人が、みんなの意見をまとめて発表してください」

というように指示していました。

　学級役員や実行委員なども、人気投票などはしません。やる気さえあれば、じゃんけんで決めます。なるべく多くの子がリーダーを経験するように仕組んでいくのです。

　こうした方法をとると、話し合いがうまくいかなかったり、仕事がはかどらなかったりすることもあります。ですが、それをフォローすることが教師の役目なのです。時には教師がほとんどお膳立てをしなければならないかもしれません。しかし、自分の力でやれたと感じさせることで、子供を成長させることができます。

　ぜひ、責任ある立場を多くの子供たちに経験させましょう。

ワンポイント★アドバイス

もともとリーダーシップのある子には、陰でそっと支えることもリーダーの重要な役目だと教えます。そうやってリーダー役の子をさらに伸ばすことで、学級全体のレベルアップも図れます。

COLUMN Ⅲ

人生は驚くほど
うまくいかないもの

　何をやってもうまくいかない時があります。
　私にも、やることすべてが裏目に出てしまった時期がありました。そんな時、めっきりふさぎ込んだ私に、ある人がこんな言葉をかけてくれました。
　「人生って、驚くほどうまくいかないものらしいよ。思うようになるほうが、まれなんだって」
　この言葉を聞いて、もやもやとしていたものが一気に晴れるような気がしました。
　「そんなにうまくいかないのなら、今のこの状態は当たり前。当たり前なら、くよくよしていても仕方ないか」
と素直に思えたのです。
　以来、この言葉を念頭に置いて仕事をしています。すると例えば、何度注意しても子供の問題行動が収まらない時でも、
　「一度や二度注意したからと言って、それですぐに改善するはずもない。そんなに簡単ならば、教師は要らない」
と、ゆとりを持って指導できるようになったのです。その結果、子供との関係は以前よりもずっと良くなりました。
　「人生、そんなにうまくいくものではない」というゆとりを持つと、かえってうまくいくことが増えるというのが、人生のおもしろさだなあと実感しています。

Lesson 4

時間をつくりだす!
効率的に仕事を処理する技術

ここでは、効率的に仕事を行うための実践を紹介しています。同じ仕事でも、やり方ひとつで時間が節約できるものです。時間にゆとりを持つことで、心にもゆとりが出てきます。そのことが、子供たちとの接し方にも現れるはずです。

Lesson4…実践者の声

時間が節約できただけでなく、子供の見方が変わりました！

（女性教諭／教師歴11年目）

　このレッスンを実践して、自分がいかに今まで時間を無駄にしていたかを知りました。慣れ親しんだやり方というものがあり、初めは自分自身を変えることが難しかったです。
　その時期を越えて、ようやく時間を効率的に使うことができるようになってきました。特に大きく変化したのは、子供を見る目が多角的になっていったことでした。
　効率化を意識することで、逆に、子供たちをいかによく見るか、いつ見るのかということを考えさせられました。メモもこれまで以上によくとるようになりましたが、それが通知表などに活用できるだけでなく、メモをとろうという意識で子供を見ることで、今までなら見逃していたことにも気付くようになりました。
　また、仕事の効率が上がり、その分、教材研究ができたり、子供のことを考える余裕ができたりしたことも成果です。さらに直接仕事とは関係ありませんが、私生活の様々な面もやり方を見直した結果、ゆとりが生まれました。

Lesson4-1 段取り上手は仕事上手

　何をどこでやるのか、いつやるのかを決めました。例えば、週案（週指導計画）は、必ず学級で書くようにしました。手元に教科書があったほうがやりやすいですし、教室内を見渡しながら書くほうが、その日の子供たちの姿が浮かんでくるからです。また、帰りの会で日記を書かせるのですが、教室内で見てから職員室に降りていくようにすることで、20分くらいで見終わるようになりました。この2つはルーティン化され、リストに挙げなくてもできるようになりました。

Lesson4-4 臆せず助けを借りる

　今年度、学年の会計を担当していますが、表計算ソフトの使い方がよくわからず、困ったことがあります。近くの先生方も忙しそうで、つい、パソコンとにらめっこしてしまいました。でも、思い切ってパソコンが得意なM先生に声をかけると、問題があっという間に解決したのです。おかげで、会計作業がスムーズにできるようになりました。

　また、教えてもらったことが会計以外の仕事にも応用でき、仕事の効率がメキメキ上がりました。M先生からは、たびたび「こうするといいですよ」と教えてもらえるようになり、反対に、私が知っていることを聞かれるようにもなりました。互いに知っていることを教え合うことで、人間関係も良好なものになったと感じています。

Lesson4-5 効率的に採点する

　ワークテストの採点では、自信のある子から持ってこさせると、意外に早く終わることに驚きました。また、「100点だと思う人？」と聞くと、子供たちが何度も見直しをするようになりました。「持ってきて100点じゃなかったら恥ずかしい」と言って解き直す姿は、「何度も見直ししなさい」と言うよりもよほど効果がありました。また、大問別に採点する方法は効果的で、早く採点していくことができました。

Lesson 4-1

段取り上手は仕事上手

仕事が早い人は間違いなく
段取りする力が優れている

● 料理上手に学ぶ段取りする力

　料理が上手な人と下手な人を比べると、その段取りに大きな違いがあることに気付きます。

　上手な人はあらかじめ必要なものを用意し、てきぱきと効率良く料理をしていきます。一方、苦手な人は炒めながら醤油を探し、その間に肉を焦がしてしまう、というようなことがよくあります。

　上手な人は料理をしながらフライパンなどを洗い、いつもキッチンがきれいです。苦手な人のシンクは、使用した鍋や皿でぐちゃぐちゃしています。

　これは仕事にも当てはまります。仕事ができる人は、段取り良く物事を進めていきます。仕事が遅い人は、いつも行き当たりばったりです。

　ぜひ、段取りする力を鍛えて、仕事を効率良く行うようにしましょう。

● こうして段取り良く仕事をしよう

　料理上手な人を参考に、段取り良く仕事をするコツを考えてみましょう。

①材料をあらかじめ用意する

　料理上手は、食材や調味料をあらかじめ準備しておきます。これはやるべき仕事をあらかじめリストアップするということです。今日1日何をやるかを考えずに、仕事に取りかかってはいけません。少し大きめの付箋に、やるべき仕事をリストアップしていきましょう。1枚に1項目ずつ書きます。

②時間、作業場所、手順を考える

　料理の場合、調理にかかる時間や、調理をどこでどんな手順で行うのかを考えます。これは仕事でいえば、まずはその作業にどのくらいの時間がかかるのか、見当をつけるということです。また、教室でできる仕事なのか、職員室でなければできない仕事なのかなど、仕事をどこで行うのが一番効率的であるかを考えるということです。さらに優先順位を考えながら、1日のどの時間で何をするのか決めます。例えば、「週案の反省欄は5分で書けるので、業間休みに教室で行う」「市教委の調査は20分程度かかり、パソコンが必要なので、会議後に行う」など、1日の流れのなかでどこで何をするのか決めます。

　このようなことを朝一番に実行し、段取りを決めておけば、今まで以上に効率良く仕事ができるはずです。

ワンポイント★アドバイス

こうして段取りは決めておきますが、実際の運用はおおらかに行うことが大切です。教師の仕事には突発的なトラブルがつきものです。何が何でも計画通りにと思うと、かえって効率が悪くなります。

Lesson 4-2 通知表を素早く仕上げる

小さな積み重ねで
素早く仕上げる

● 情報をこまめに記録しよう

　通知表の作成で一番時間がかかるのは、所見欄ではないでしょうか。ここを素早く仕上げるために、日頃からこまめに記録をとっておきましょう。例えば、授業で発表した時や係の仕事を頑張っていた時など、気付いたらすぐにメモします。

　私の場合は、教室に気付いたことをメモするノートを用意して、休み時間などに書き込むようにしていました。書いていると、子供たちにのぞき込まれることもありましたが、基本的に良いことしか書きませんので、問題ありません（この実践についてはLesson1-8やLesson3-4「よい子のノート」も参考にしてください）。

　メモする時には、できるだけ文で書くようにも心がけていました。例えば、「異分母分数のたし算で発表」というメモでは、いざ所見に書こうという時に迷います。

「異分母分数のたし算で、なぜ分母を揃えなければならないか、図を使って説明した」
と書いておけば、そのまま所見に使えます。

　このように、その時その時の少しの手間を惜しまないことで、あとあと確実に時間の節約ができます。

● すき間時間に少しずつ作っておこう

　委員会、クラブなどは４月に決まります。こうしたことは早めに通知表に書き込んでしまいましょう。係や実行委員なども決まったらすぐに記録してしまいます。

　近年は、パソコンで通知表を作成する学校も多いと思います。その場合は、所見欄も事前にどんどん書いておきましょう。あとでいくらでも書き直しができるので、気楽に書いていきます。子供によっては記録がどんどん増えていきますが、あとで削るほうがずっと簡単です。なかには記録が増えない子も出てくるはずです。それは、そういう子に目が届いていない証拠です。日々の指導を振り返り、重点的に見ていきましょう。手書きの通知表の場合は、下書きとして、パソコンで所見欄を作成しておけば同様のことができます。

　授業の始めに指導目標を確認しておくことも有効です。例えば、「描写をもとに登場人物の心情を読み取ることができる」という目標の授業なら、その目標を達成できた子には、「書いてあることをもとに、主人公の気持ちを考えることができました」という所見を書くことができます。目標を意識したほうが授業も充実しますので、まさに一石二鳥と言えます。

ワンポイント★アドバイス

市販の文例集を事前に読んでおくこともおすすめです。子供のどこを見ると良いのか、具体的に掴むことができます。同じ学校に勤務するベテラン教諭の所見も、大いに参考になります。ぜひ見せてもらいましょう。

Lesson 4-3

すき間時間を蓄積する

短い時間もためれば
やがて大きな時間になる

● 半端な時間を無駄にしない

　2分、3分といった半端な時間でも、それをこつこつと積み重ねていくと、意外に多くの仕事ができることに気付くはずです。

　また3分あればこれくらいのことができる、という感覚も身に付きます。

　例えば私の勤務校には、10分間の休み時間が4回と、20分間の業間休みと、30分間の昼休みがあります。これらをすべて合わせると90分です。そのうち10分休みで3分ずつ、業間と昼休みで5分ずつくらいは事務仕事に充てられるのではないでしょうか。すると1日につき22分は使えます。5日間なら110分です。110分あれば、かなりの仕事ができるはずです。他にも、会議が始まるまでに何分か待たされる場合があります。その時間も無駄なく使うという意識でいると、待たされてもイライラすることがありません。

　校外の研修会でも、早めに学校を出て、会が始まるまでを仕事時間に充てましょう。遅刻することもなくなり、一石二鳥です。

● すき間時間をこうやって使おう

　例えば私の場合は、いわゆる週案（週指導計画）の作成のために

特別な時間を設定したことはありません。休み時間の3分を使い、前の時間の反省を書き込んだり、次週の目標を書いたりしていました。これを1週間のうちで10回も行えば、週案は完成します。

　3分の有効活用としては、子供の頑張りなどをメモする、数人分のテストの採点を行うなどもできます。

　昼休みは子供と遊ぶことが多かったのですが、30分の休み時間の初めの10分だけは、学級通信を書いてから外に出ていました。通信に書くネタ自体は、休み時間の3分でメモしていましたので、10分あれば半分は書くことができます。

　給食は子供と食べましたが、少しだけ早く食べ終わり、3〜5分を宿題のチェックや日記を読む時間にしていました。

　職員会議が始まる前には、スケジュール帳や週案に行事予定を書き込んでいましたし、出張などで会場に早めについたら本を読んで待ちました。こうやって、すき間時間に必死に仕事をして、極力残業はしないようにしました。

　そしてその分、自宅で教育書などを読み、自己研鑽に励みました。また、映画などを見てリフレッシュすることもありました。ぜひとも、時間を有効に使いましょう。

ワンポイント★アドバイス

なお、すき間時間に仕事をするには、集中力が大切です。そのため、私は基本的には立ったまま仕事をするようにしていました。立ったままなら、さっと作業に入ることができますし、集中の度合いも違うと実感しています。

Lesson 4-4

臆せず助けを借りる

一人で思い悩んでいても
良い解決には至らない

● 困ったら騒げ！

　パソコンを使っている時、インターネットにどうしてもつながらなくなったことがあります。あれこれと設定をいじり、何度か再起動するなど、自分の知識を総動員して1時間以上格闘しました。しかし、まったく解決する見込みはありません。少しイライラしてしまい、大きめの声で今の状況を騒いで説明していると、パソコンに堪能な職員がやってきて、3分でつながるようにしてくれました。

　実は私の勤務する学校には、「困ったら騒げ」という合い言葉があります。この時ほど、次からはこの合い言葉を即実行しようと思ったことはありません。

　もちろん、たいしたことがないのにいつも騒いでばかりいたら、迷惑な話です。

　しかし、「困ったな」と思ったら、あれこれ一人で思い悩むよりも、まわりに助けてもらうほうが効率的です。

● 三人寄れば文殊の知恵

　「困ったら騒ぐ」ことのメリットはそれだけではありません。生徒指導などは、最初のボタンの掛け違いがあとあとまで尾を引くこ

とが多いものです。初めに適切に対応していれば、何ということのない問題も、こじれるとかなりの時間と労力を必要とします。
　ですから、
「いじめがあるのかもしれない」
「どう指導しても、話を聞いてくれない子がいる」
など、生徒指導上の「困った」も、大いに騒いで周囲のアドバイスをもらいましょう。すると自分一人で考えているよりも、ずっと良い解決方法をアドバイスしてもらえることが多々あります。そして、結果、問題が速やかに解決します。こじれた場合と比較してみれば、かなりの時間の節約にもなっているはずですし、何より子供がより良く伸びていることでしょう。
　「聞くは一時の恥、聞かぬは一生の恥」と言います。プライドや恥ずかしさは捨てて、臆せず助けを求めましょう。
　それに教師になったような人たちですから、みんな教えるのが好きですし、教え上手でもあります。どんどん活用しましょう。
　もちろん、だれかが騒いでいたら、真っ先に助けに行くように心がけることが大切です。自分だけが助けてもらうというような気持ちでは、いずれ相手にされなくなってしまいます。

ワンポイント★アドバイス

教育機器は日々進歩しています。また、子供や保護者も実に多様化しています。様々な事態に個人ですべて対応できる時代ではありません。各自が得意分野で協力し合うように心がけましょう。

Lesson 4-5 効率的に採点する

採点をいかに効率的に行うか
できる人はそこが違う

● 子供に採点させる

　自分で採点したり、友だちのテストを採点したりするのは、その子にとって実に良い勉強になります。正誤を判断するなかで、知識が身に付いていくからです。ただし、自分のミスは自分では発見しにくいものです。そこで、ミニテストなどは、隣同士で採点させると良いでしょう。次のように行います。

- 隣同士で採点させる
- お互いに厳しく採点するように指示する
- 採点後不満がある場合は教師に訴える。教師は正誤判断をする
- 間違いを訂正したら、教師に提出する
- 教師はざっと見て、採点ミスがないかをチェックする

　なお、いろいろな保護者がいますから、この方法を行う場合は趣旨を説明しておくと良いでしょう。また、保護者負担で購入している市販のワークテストは、教師が採点するほうが無難です。

● 効率的に採点する方法

　効率的な採点のために工夫したいことが2つあります。1つは、採点する時間をいかに生み出すかということ。もう1つは、いかに

採点時間を短くするのかということです。

◎**採点時間を生み出す**

　テストの時に、できた子から持ってこさせます。その際、何度も見直しをさせ、

　「100点の自信がある子だけ持ってきなさい」

と指示します。こう指示すると、自信のある子数名だけが持ってきます。それをすぐに採点します。テストを出した子は、読書をして待たせます。あとは時間を見ながら、

　「90点は取れていそうな人は持ってきなさい」

などと、ハードルを下げていきます。こうすればテスト時間の終了時には、ほとんどの子の採点が終わっています。

◎**採点時間を短くする**

　全員分を一度に採点する場合ですが、1枚ずつやるよりも、ある程度のまとまりごとに採点していくほうが速く終えることができます。例えば、大問1に①〜④まであったなら、その大問1だけを採点していくのです。このくらいの範囲なら、答えを暗記してどんどん採点していけます。また、記述式の採点の場合、答えに幅がありますので、正解なのか、部分点を加えたほうが良いのかなどを迷うことがあります。1問だけを全員分採点すれば、このような判断の揺れにも対応しやすくなります。

ワンポイント★アドバイス

全員分を一度に採点する場合は、大きめのクリップでテストの左上をはさんでから採点しましょう。こうすれば、どんどんめくっていっても紙がばらばらになることがありません。

Lesson 4-6

今すぐにやる

すぐにやるほうが
何倍も効率良くできる

● 仕事は忙しい人に頼め

　仕事は忙しい人に頼めと言います。
　その理由の１つは、忙しい人ほど「後回しにしない」からです。忙しい人は物事を後回しにすると、頼まれたことをいつやれるかわからない、ということを痛感しています。そこで、さっと動くのです。
　ある校長先生は、
「これを教育委員会に問い合わせたいのですが……」
と私が相談すると、言い終わるかどうかの段階で、すでに受話器を手にしていました。そういう人は、何でもスピーディーに解決します。
　逆に仕事が遅い人というのは、こちらが何かを頼んでもいっこうに取りかかる気配すらありません。

● すぐにやるほうが結局は効率が良い

　例えば行事が終わった時に、反省用紙の提出を求められます。これを後回しにすると、結局、提出を忘れてしまいます。すると、担当者から反省用紙を出すようにと催促を受けます。そんな時、用紙

が見あたらないとしばらく探し始める人もいます。

さらに見つかったとしても、今度は記憶が曖昧になっていてなかなか書き始められない、というのもよく見かける光景です。

これで相当時間を無駄にしています。行事のあとにすぐに取りかかっていれば、用紙をなくすことも、記憶が曖昧になることもなかったはずです。

研究のまとめでも同じことが言えます。研究授業が終わってすぐならば、資料も豊富に手元にありますし、子供たちに感想を聞くこともできます。ですから、研究のまとめの原稿もさほど苦労なく書けるのではないでしょうか。これを数か月後にやろうとしたら、大変です。

しかし、すぐにやろうと思っても、どうしても時間がない時もあります。そんな時は、大きめの付箋紙にやるべきことを書き、目立つところに貼っておきましょう。私の場合は、パソコンのキーボードに貼っています。付箋に書いた内容を実行しないと、パソコンが使えませんので、後回しにできません。

また、反省や研究のまとめなど、ある程度時間がかかるものは、ざっくりで良いので手をつけておくことをおすすめします。ゼロから作るのは難しいですが、骨子だけでもできていれば、あとで取り組んでも効率良くできるものです。

ワンポイント★アドバイス

頼んだ仕事をいつまでもやってもらえないと、結局、何度も催促することになり、時間を浪費することになります。つまり、すぐに仕事をやってくれる人は自分の時間だけでなく、他の人の時間も大切にしていると言えます。

Lesson 4-7

時間の使い道をチェックする

お金の使い道は知っているのに
時間の使い道には無頓着でいいの?

● 時間の使い道を把握する

　節約名人は、給料日に用途別にお金を小分けにしてしまうと言います。あらかじめ、使い道を決めておくのです。確かに、どんぶり勘定で適当に使っている人は、たいてい貯金などないものです。

　しかし、時間となると、その使い道を決めている人はぐっと少ないように感じます。

　また、食費はいくらくらい、電気代はいくらくらいと、おおよその金額を把握している人はいても、歯磨きに何分、風呂は何分ということには、意外と無頓着ではないでしょうか。それでは、時間の節約はできるはずもありません。

● ストップウォッチでどんどん計時しよう

　まずは、自分の仕事がどのくらいの時間でできるのか、ストップウォッチを片手にどんどん計っていきましょう。例えば、次の作業にはどのくらいの時間がかかるでしょうか。

- **週案を書く時間**
- **給食を食べる時間**
- **テストの採点にかかる時間**

- **連絡帳をチェックする時間**

おおよその時間がわかっていると思っても調べましょう。意外に短時間で済んでいたり、逆にずいぶんと時間のかかるものがあったりと、そういうことを把握するだけで、時間を節約しようという意識が働きます。

また、時間が見えることで、もっと速くできるように工夫し、時間短縮を目指す気持ちも起きます。

昔、隣のクラスに採点が非常に速い先生がいました。試しに職員室で同時に採点を始めてもらったのですが、30人のテストを採点するのに、私よりも2分以上速く終了していました。そこで、何とかその先生より速くなろうと、あれこれ工夫したことを覚えています。

職場での時間の使い道について、かかる時間がわかったら、生活の場でも調べてみましょう。

- **持ち帰りの仕事はどのくらいしているのか**
- **テレビは何時間くらい見ているのか**
- **食事の時間はどのくらいか**

余暇も大切な時間ですので、無理に削る必要はありませんが、少なくとも自覚的に使うようにしましょう。

ワンポイント★アドバイス

職場の滞在時間も把握しておきましょう。そのなかで、同僚とおしゃべりしていた時間はどのくらいあったかも、メモしておきましょう。おしゃべりも気分転換や人間関係の潤滑油としては大切ですが、過度に多いのは考えものです。

Lesson 4-8

手紙の配り方、提出物の集め方を工夫する

意外に時間のかかる手紙の配付や
提出物の回収をいかに処理するか

● 手紙の配り方を工夫しよう

　学校では、毎日のようにたくさんの配付物があります。普通に配っていると、思いのほか時間がかかるものです。
　効率的に行い、あまった時間を別のこと（教育活動）に使いたいものです。

◎教師が全員に手紙やプリントを配る時

　列ごとに枚数を数えて配るのではなく、先頭の子に適当に渡します。当然、過不足が生じますので、列の後ろの子に調整させます。手紙があまった列の子は足りない列の子に配りに行かせます。教師はあっという間に配付を終え、次の作業に入ることができます。

　先頭の子に手紙を取りにこさせると、さらに早く配ることができます。

◎宿題のノートなどを配る時

　配り係専用の箱を用意します。その箱に入れたものは、係の子が休み時間に配ることにしておきます。ノートなどは処理が済み次第、その箱に入れましょう。あとは、時々係の子に声をかければ良いだけです。

● 提出物の集め方を工夫しよう

　提出物を集める作業も、やり方によって、時間を短縮することができます。

　◎**番号順に集めたい時**

　テストなどを出席番号順に集める時のやり方です。

　1番から40番までいる場合は、1番、10番、20番、30番の子を手紙を集める係にします。1番のところには、2～9番の子が手紙を持っていきます。10番のところには、11～19番という具合です。最後に1番の子がすべてを集約し、教師のところに持ってきます。

　◎**集金を集める時**

　お金を袋から出させます。左手に集金袋、右手にお金を持たせ、番号順に並ばせます。教師はすばやく金額を確認しながらお金を集めます。

　1人ずつ金額をチェックしながら集めるので、あとでお金を数える手間も省けます。

ワンポイント★アドバイス

上記以外にも列の先頭が配る、班長が配る、列の最後尾が集める、班長が集めるなどの方法もあります。いかに子供たちに協力してもらうかがポイントです。自分なりの工夫をしてみましょう。

COLUMN Ⅳ

頼まれた仕事には
２つのチャンスがある

　若い頃、「頼まれた仕事を断るな」と教えられました。そこで、何かを頼まれた時には、私はいつでも快諾するように心がけてきました。そのためでしょうか、仕事のフィールドが着実に広がってきています。
　仕事を頼まれると、そこには２つのチャンスが生まれます。
　１つは、その仕事を行うことで自分が成長できるというチャンスです。人間は弱いものです。自主的に何かをやろうとしても、つい易きに流れがちです。しかし仕事を頼まれ、それを受けたならば、何としてもやりきらねばなりません。いわば、外圧的に自分を成長させることができます。
　もう１つは、仕事を頼んだ人に認めてもらえるというチャンスです。頼んだ人はあなたに期待し、あなたの仕事ぶりを見ています。それなのに、引き受けた仕事をほとんどやらない人や適当にやる人がいます。一方、こちらの予想以上に熱心に仕事をしてくれる人もいます。ここで誠実に仕事をすれば、その人はあなたを信頼し、次も仕事を頼もうと思うでしょう。さらに大きなステージを用意してくれる場合もあります。
　「頼まれた仕事を断らない」ことは、こうした２つのチャンスを生みます。ぜひとも、自分自身が成長していくための必須条件だと思って、「頼まれたら断らない」を心がけましょう。

Lesson 5

クラス運営が楽になる！
保護者との良好な関係づくり

ここでは、保護者との関係を良好なものとするための実践を紹介しています。学校と保護者が協力することで、教育の効果は何倍にもなります。また、保護者との付き合いが楽しめるようになれば、学級はますます安定してきます。

Lesson5…実践者の声

保護者との距離が確実に縮まりました!

（男性教諭／教師歴13年目）

　誕生日のメッセージ、連絡帳でのコメント、頑張りカード各種、学級通信、電話連絡、家庭訪問……。私たち教師にとって当たり前のことかもしれませんが、これらの積み重ねが保護者との関係を良好にする有効手段であることを、自分が保護者の立場になってみて思いしらされました。

　小さな信頼の積み重ねが、保護者との良好な関係を生み出し、学級経営が楽になっていくのです。このレッスンの実践を意識的に行うことで、そのことを再認識しました。

　例えば、連絡帳にひと言日記を書かせると、そこに保護者のコメントが加わり、母親を交えての交換日記をやっているような雰囲気になっていきました。すると実際にお会いした時も話が弾み、スムーズに情報交換ができました。以前よりも確実に保護者との距離が近づいたと感じています。

　今後も、小さな努力を惜しまず、小さな信頼を積み重ねていけるよう実践していきたいと思います。

Lesson5-3 連絡帳を一工夫する

　今まで、子供と専用のノートで交換日記をやっていましたが、連絡帳にその日の出来事を書かせるようにしました。
　専用ノートの場合、子供と教師に限定されたやりとりでしたが、連絡帳になると、子供と教師のやりとりに保護者が加われるようになりました。始めるとすぐに、「毎日の子供の様子がわかる」という保護者からの感想をいただくことができました。また、自分にあまり自信のなかったⅠ君が、嬉しそうに保護者のコメントを見せにくるようになりました。保護者側だけでなく、子供にとってもメリットのある取り組みなのだと感じました。

Lesson5-4 すぐに動く

　何かトラブルや気になることがある時に、保護者に電話すべきか、家庭訪問に行くべきかと悩んでいましたが、「すぐに動く」を読んで、「迷っているなら即行動」をするように心がけました。
　即行動を心がけるようになってから、「先生はすぐに動いてくださるので助かります」というような声を、多くの保護者からいただきました。実際に訪問した家庭ではない保護者からも、「先生はすぐに対応してくださるそうですね」と話していただくこともありました。

Lesson5-5 教育方針を伝える

　学級通信で、学校生活の様子や教育方針を伝えるように心がけてきました。高学年になればなるほど、子供は学校の様子を話さなくなりますので、保護者からは「学校の様子が良くわかる」「先生がどのように子供たちを育てたいかが伝わってくる」と好評でした。
　毎号、数人の頑張りを学級通信で紹介することで、「Ａ君の名前が載ってるよ！」「Ｂさん、頑張っていたよね！」と、子供たちもだれの名前が載っているのかを楽しみにしてくれるようになりました。また、その子の保護者から連絡帳で感謝の言葉をいただいたこともありました。

Lesson 5-1
積極的に関わる

会えば会うほど
その人と親しくなるもの

● 単純接触効果を生かそう

繰り返し見るコマーシャルの製品を、いつの間にか買ってしまったという経験はありませんか。何度も何度も接するうちに、人はそれに親しみを感じたり、好意を持ったりすると言います。

これは人に対しても同じです。毎日会う人とは特別に何かを意識しなくても、仲良くなっていくものです。これを単純接触効果と言います。

ぜひ、この単純接触効果を、保護者との付き合いにも生かしていきましょう。

● あらゆる機会をとらえる

何も手を打たないと、保護者と接する機会はさほど増えません。懇談会、家庭訪問、個人面談などで年間5回も会えば多いほうではないでしょうか。

そこでまずは、連絡帳で子供の様子を伝えるという取り組みをしましょう。

1日につき1人の保護者に、その子の頑張っていることを伝えていくのです。これを年間通せば、在籍人数の多いクラスでも10回

近くになります。

　また、長期の休みには暑中見舞いや年賀状を保護者あてに出しましょう。直接会うのではなく、このような文章を通じての接し方であっても、次第に親しみを持ってもらえるようになります。

　もちろん、直接会えばさらに効果的です。

　PTAの用事で保護者が来校したなら、挨拶程度で良いので顔を出しましょう。バザーやPTA主催の行事などでも、積極的に声をかけましょう。子供が遅刻や早退の時に保護者が付き添いで来校した時にも、ひと言話すようにします。

　こうして積極的に関わっていけば、次第に顔見知りの保護者が増えていきます。そして、そうした保護者は、いざという時に味方になってくれるはずです。

　一方で、子供が問題行動を起こし、そのために接触する機会の多い保護者もいます。こうした保護者には、接触すればするほど敬遠される可能性があります。

　そこで、生徒指導の問題で連絡することが多い保護者には、その子が良いことをした時の接触を意図的に多くしていきましょう。ちょっとでも頑張っていたら、電話でひと言伝えるのです。そうしたフォローをしないと、学校からの電話、連絡は、いつも嫌なものというイメージを植え付けてしまいます。

ワンポイント★アドバイス

単純接触効果は、子供に対しても活用できます。子供とは毎日会いますが、それだけでなく、ちょっとしたひと言をかけるなど、一対一の接触を増やすと、関係がより良好になります。

Lesson 5-2

苦情への対応を決めておく

平穏な時に対応の基本を
決めておけば迷わない

● 基本の対応は受容

　苦情が来てから慌てて対応した結果、事態を悪化させてしまったり、保護者の主張につい反論して関係がこじれた話をよく聞きます。あらかじめ対応を決めておくと、失敗を防ぐことができます。
　◎**じっくりと話を聞く**：電話にせよ、直接会いにきたにせよ、まずは相手の話をじっくりと聞きます。初めは興奮して話をする保護者もいますが、素直に話を聞き入れていれば落ち着いてきます。この時点では、「でも」「しかし」などと反論しないようにします。
　◎**素直に謝る**：言い訳を交えながら謝ると逆効果ですので、至らなかった行為に関しては素直に謝りましょう。すべてが誤解だという場合でも、保護者に心配をかけたという点を謝罪しましょう。
　◎**難しい問題は即答しない**：何でも受容すれば良いわけではありません。安易に要求を受け入れると、それがエスカレートする場合もあります。落ち度がないことに対しての要求や理不尽な内容に関しては即答を避け、管理職に相談してから返事をすると伝えます。

● 文章での対応には細心の注意を

　連絡帳での相談、苦情もあります。その際、すぐに返事を書くこ

とは避けましょう。批判的な内容を読んで冷静さを欠いた状態で返信してしまうと、あとあと大変なことになります。一度書いた文章は取り消せません。朝、連絡帳を読んだら、返事は業間休み頃に書きましょう。さらに昼休みに読み返して、それでも問題ない文面と思えるなら大丈夫でしょう。

　その際、問題を感じるならば、書き直すほうが無難です。そうした場合に備え、連絡帳での相談・苦情の返事は、一筆箋など別の紙に書くことをおすすめします。

●断り方を決めておく

　保護者の苦情を際限なく聞き、心身ともにぐったりとしてしまう教師がいます。相談、苦情が寄せられた場合は、「30分しか時間はありませんが……」とあらかじめ時間を示しましょう。

　とはいえ、時間通りに終わらないこともしばしばあります。そういう場合の対応も事前に考えておきます。例えば、学校内ならば同僚に「そろそろ会議です」と声をかけてもらうように依頼しておくのです。自宅に電話がかかってきた場合は、「来客があった」「家族の世話をしなければならない」などの理由をつけ、続きは明日学校で直接会って話すことを提案して切ります。

ワンポイント★アドバイス

いくら工夫しても、文章では細かいニュアンスは伝わりません。電話も表情などが見えず、誤解をあたえる場合があります。難しい問題は、直接会って話をすることが一番です。

Lesson 5-3 連絡帳を一工夫する

毎日の連絡帳で
保護者の信頼を得る

● アイディアひとつで保護者の信頼アップ

　私には小学生の子供がいますが、自分の子供の連絡帳を保護者として楽しみに見るということはありません。単に持ち物の確認をしたり、きちんと書いているかを見る程度です。多くの保護者も同様ではないかと思います。

　そこで、提案したいのが、連絡事項以外にその日のちょっとした出来事も連絡帳に書くということです。具体的には、

　「今日は、今年度2回目の席替えをしました。隣になった友だちとの縁を大切にしてほしいですね」

などと書きます。すると、

　「だれと隣になったの？　どんな感じの子？」

と、連絡帳をネタに家庭での会話が弾むでしょう。つまり、保護者にとって連絡帳を読むのが楽しみになるのです。教師の書いた文を視写することで、子供にとっては作文の練習にもなります。

　また、子供自身に、その日の出来事を書かせることもありました。その日のハイライトとして、心に残ったことを3分程度で書かせるのです。

　こちらについては、

　「毎日連絡帳を読むのが楽しみです」

「うちの子は文章を書くのが苦手なので、すごく良い取り組みだと思います」
などの肯定的な意見を保護者の方からたくさんいただきました。

このように連絡帳を情報伝達のツールとして活用すると、保護者からの信頼が深まります。

● 返事にも一工夫を

欠席などの連絡に対し、「わかりました」としか書かない教師がいますが、これももったいない対応です。その子が最近頑張っていることなどを書き添えれば、単なる連絡がコミュニケーションの一助となるのです。

例えば、
　・今日は熱が38℃あるのでお休みします。
と連絡があったとします。それに対して、
　　・熱が38℃もあるとは心配です。早く元気になって、最近頑張っている音読を聞かせてほしいです。
といったように返事を書きます。

こうしたひと言を書くのにかかる時間はわずか1分程度でしょう。その1分を惜しまないことで、信頼が積み重なっていくのです。

ワンポイント★アドバイス

まれに赤ペンで返事を書いている先生がいますが、それはやめるべきでしょう。赤で書かれた保護者は、添削されているようで、良い気持ちがしないはずです。また、丸文字や殴り書きも、真剣に対処していないと誤解をあたえかねません。上手下手ではなく、丁寧に書きましょう。

Lesson 5-4

すぐに動く

動くことを躊躇しない
フットワークの良さで信頼が高まる

● 反応速度こそ命

　保護者がちょっとした相談にやってきた時に、その相談事にすぐに対応しない教師がいます。いろいろと忙しかったのかもしれませんが、
「先生は親身になってくれない」
と、保護者の信頼はぐっと下がります。
　一方、すぐに事情を聞き、対応する教師もいます。まさに軽快なフットワークで物事に対処していくタイプです。保護者は、
「相談して良かった」
と、満足するでしょう。
　反応速度の違いにより、保護者の信頼度が大きく変わるのです。基本的には、朝相談されたら、その日のうちに対応すべきですし、夕方に相談されたら翌日の午前中には返答できるようにするべきです。
　2日も3日も放置したら、いくらその後に対応しても手遅れです。

● フットワーク良く動こう

　反応速度とともに、フットワークの良さも重要です。これは相談

事に限りません。我が家の長男が6年生の時に、骨折で入院したことがあります。その時、担任の先生は毎日お見舞いに来てくれました。私は大変恐縮するとともに、毎日は結構ですとお断りしましたが、5分だけでもと、その先生は足を運んでくださいました。

これには、息子もいたく感動し、
「こんなに良い先生には会ったことがない」
と、これまで一度として言ったことがないようなことを口にしました。子供のこんな変化を見て、私はその教師を大いに信頼するようになりました。

例えば、休みの子がいた時に、連絡帳だけで済ませていませんか。面倒がらずに1本電話を入れてみましょう。それだけで保護者は安心するものです。

また、けんかをして友だちとトラブルになった時に、電話だけで済ませていませんか。少しの時間で良いので、家庭訪問してみましょう。電話1本、連絡帳へのメモでも十分なのかもしれません。でも、ちょっと顔を出して、
「今日、友だちとけんかしてしまったので、大丈夫かなと思って顔を出しました。元気そうなので安心しました」
こう言うだけで良いのです。それをしただけで、保護者からの信頼度はぐっとアップするのです。

ワンポイント★アドバイス

家庭訪問をしても、留守の場合もあります。そういう時のために、自分の名前を印刷したカードを用意しておきましょう。裏面に短いメッセージを残し、ポストに投函しておけば、家庭訪問したことが伝わります。

Lesson 5-5

教育方針を伝える

明確な方針を伝えれば
協力してもらえる

● 多くの保護者は協力的である

　モンスターペアレントなどが話題になりますが、多くの保護者は学校に対して実は協力的です。積極的に保護者から声をかけてくることはなくても、
　「これに協力してください」
とお願いすれば、受け入れてくれるものです。もっと自分の教育方針を伝え、協力を依頼していきましょう。子供は学校と家庭が協力してこそ大きく伸びていくのです。
　例えば、
　「できることより、変わることを大切にしていきたい」
という方針を伝えたことがあります。すると、
　「テストが何点かよりも、前回に比べて伸びたことをほめるようにした」
などの声が家庭から聞かれるようになりました。子供も、
　「間違えるというのは成長のチャンスなんだから、どんどん発表しなさいと家で言われた」
と教えてくれました。

● どうやって伝えるのか

　方針を伝える最も一般的な機会は、懇談会だと思います。しかし、懇談会は年に数回しかありません。もっと頻繁に、具体的に方針を伝え、保護者に協力を依頼したいものです。

　そこでおすすめしたいのは、学級通信の発行です。学級通信は、担任の考えを伝えるために最も有効なツールです。先ほどの「変わること」の大切さも、学級通信で呼びかけました。

　ひとつ気を付けたいのは、理念だけを伝えるのではなく、具体的な授業の場面も紹介するということです。理念だけ語られても、ではどうしたら良いのかが保護者にはわかりません。

　例えば友だちと話し合うなかで、自分の解釈の間違いに気付いた子のことを紹介しました。そして、こうした場面で「変わること」の大切さを教えていますと伝えました。すると、先のような保護者からの反応があり、それを再び通信に載せていくというように、保護者も通信に参加する形にしていきました。学級通信を出すことが目的化することは避けねばなりませんが、出すことで保護者からの信頼が高まることは間違いありません。また、様々な面での協力も得られます。無理のない範囲で、ぜひ学級通信を出しましょう。

ワンポイント★アドバイス

保護者からの返信欄を学級通信につけると、相互交流がやりやすくなります。また、子供の名前は、均等に載せるように名簿などでチェックしながら出すことが大切です。

Lesson 5-6

子供にお土産を持たせる

子供を変えてこそ
保護者の信頼を勝ち得る

● 子供を向上的に変容させる

担任時代、家庭訪問などで一番嬉しかったのが、
「先生が担任になったら授業の話をよくするようになりました」
「学校の話をよくするようになったんですよ」
「家の手伝いをするようになりました」
こんな話を保護者がしてくれた時です。

子供が変わり、それを保護者も喜んでくれる。それこそ教師冥利に尽きることです。

また、そうした感想を多くいただいた時は、保護者からの信頼も高かったように思います。

考えてみれば当たり前のことですが、保護者は子供を通してしか学校のことがわかりません。

ですから、信頼を得るのも、信頼を失うのも、子供の姿からということがほとんどなのです。

● お土産を持たせていますか

子供が向上的に変容した姿を家庭で見せることを、私は「お土産を持たせる」と言って、1日1回はお土産を届けられるように意識

していました。例えば、次のようなことをしていました。
- 漢字の学習で「薔薇」という字を全員が書けるようにし、それを保護者の前で披露する宿題を出す
- 国語科の授業で「春暁」などの漢詩を暗唱できるようにさせ、家庭で発表させる
- 難しい算数パズルを保護者と一緒に考えてくるように指示する
- 社会科では、宿題として、家庭で買っている商品について保護者にインタビューをさせる

学習面だけでなく、生活面でも、お土産を持たせることができます。
- 家でどんな手伝いができるか話し合い、実際に手伝いをすることを宿題とする
- 手紙を渡す時は「お願いします」、食べる時は「いただきます」など、礼儀も教えて身に付けさせ、家庭でも実践させる

こうして我が子を見違えるようにさせるからこそ、「さすが先生」と信頼されるのです。

理想は毎日1つのお土産ですが、実際には保護者にとっても難しい面もあります。まずは金曜日に持って帰らせ、土日の話題になるように心がけましょう。週末なら時間のゆとりもある保護者が多いので、一緒に考えるお土産などにも取り組んでもらえます。

ワンポイント★アドバイス

お土産は他にも、友だちと楽しく過ごせた、楽しいレクリエーションをやったなどもあります。自分なりにどんなお土産を持たせることができるのか、いろいろ工夫してみましょう。

Lesson 5-7

授業参観で保護者をひきつける

年に数回の機会を最大限に生かす

● 授業こそ教師の本筋

　教師の仕事の中心は間違いなく授業です。当然、保護者も教師に高い授業力を求めます。
　「今年の先生は良い授業をするな」
と感じてもらえれば、信頼感も増します。
　授業参観はその貴重な機会です。普段の姿を見せれば良いのだという考えもあるでしょう。しかし、私は特に1回目の授業参観は、入念に準備すべきだと思います。第一印象を良くすることで、その後の学級経営がスムーズになるはずです。

● 奇をてらった授業は不要

　とはいえ、奇をてらった、それこそ年に1回しかできないような授業を行う必要はありません。普段の授業をベースに、少しの工夫を入れていけば良いでしょう。
　例えば私がよく行ったのは、次のような流れです。
　①漢字練習
　　どのように漢字練習を行っていくのかを具体的に見てもらいます。懇談会で、「家庭でも同じようにやらせてください」と頼み

ます。

②漢詩の音読、暗唱

何度も音読するうちにすらすら読めるようになっていきます。このように変わることが大切というメッセージを保護者にも伝えます。一人ひとりに少しずつ音読させて、全員が発表する時間もとります。

③漢字クイズ

漢字を使ったクイズを出します。「王」「玉」のように点をつけると違う字になるものを見つけよう、などのようにいくつも答えがあるものが良いですね。残りを家で、保護者と一緒に考えてくるように伝えて授業を終えます。

これらをテンポ良くやっていきます。「あっという間の45分でした」「できることを少しずつ増やしていってください」といった感想が懇談会で出れば、授業は成功したと言えます。

なお、年に3回の授業参観があるとしたら、次のようなイメージで授業をつくると良いでしょう。

・1回目：教師中心の授業を行う。**どんな教師なのか見てもらう**
・2回目：子供中心の授業を行う。**子供の活躍を見てもらう**
・3回目：**1年の成長、変容がわかるようにする。発表会形式**

ワンポイント★アドバイス

授業参観のアイディアなどの書籍を参考にするのもおすすめです。しかし、書籍の内容をそのまま追試してはいけません。どんな授業をしていきたいのか、どんな学級にしたいのか、何を大切にしたいのか。そうしたメッセージが伝わるようにアレンジしましょう。

Lesson 5-8

小さな相談に全力で対応する

小事を大切にするから
大事を防ぐことができる

● 相談・苦情は宝の情報

　不平、不満を感じても、実際にそれを口にして伝える人は数パーセントに過ぎないと言います。ですから、ある1人の保護者が学級経営に注文をつけてきた場合、同じように感じている保護者が10人はいると考えられます。たかが1人の苦情と甘く見ていると、予備軍をクレーマーに昇格させてしまう可能性があります。

　苦情は、「苦い情報」と書きます。言われた時に苦いとしても「情報」には変わりありません。むしろありがたい情報、宝の情報として対応することで、自分の実践を改善するヒントにすることができます。

　また、苦情までとはいかなくても、小さな相談事というのも結構あります。苦情ならばしっかり対応する教師でも、相談事となると軽く扱ってしまう場合もあります。同様にありがたい情報なのだという認識を持ちましょう。

● 苦情に対応すると満足度が上がる

　相談事はもちろんのこと、苦情に丁寧に対応した結果、その保護者がかえって味方になってくれたという例を、これまで幾度となく

見てきました。多くの保護者は、
「こんなことを言うのはどうかな」
と、ためらいながら苦情や相談事を伝えるものです。それに対して教師が真摯に対応してくれれば、その教師への信頼度はアップします。担任をしていると、小さな苦情、軽い相談事は結構あります。つまり、それだけ多くの信頼を得るチャンスがあふれているということなのです。例えば、
「最近、子供に元気がないのだが、友だちとうまくいっているのだろうか」
と、相談されたことがあります。たまたまお会いした時に、ついでに相談されたような感じでした。

しかし私は、その相談を真摯に受け止めました。そこで、相談のあった日から数日間、その子の休み時間の様子をじっくりと観察しました。特に問題や、友だちとの諍いなどは見られません。そこで、その子と教育相談を行い、トラブルや悩みはないことを確認しました。ただ、最近少し疲れ気味だとは言っていました。

こうして得た情報を、家庭訪問して直接伝えました。すると、その保護者からは、
「そこまでしてもらえるとは思わなかった」
と、非常に感謝していただけたのです。

ワンポイント★アドバイス

明らかなクレーマーに対しては、丁寧に対応しすぎるとさらにエスカレートさせてしまう場合があります。そのような場合は、同学年の教師や管理職に相談して、チームで対応するようにしましょう。

COLUMN Ⅴ

すべてが糧になる

　様々な事情があり、私は通信教育で教員免許をとりました。教師になる前は、某テーマパークや宅配ピザの店で働いていました。

　そうしたことから、教師になりたての頃は、何となくまわりの教師たちに引け目を感じていました。自分は亜流の教師だと思っていたわけです。

　ですが、進学が思うようにならなかったことや、サービス業で働いたことが、あとあと役に立ちました。

　家庭にいろいろと事情のある子を受け持った時に、その子の気持ちを、実感を伴って理解することができました。保護者との対応では、接客の心得が生かせました。

　人生のどんなことも、心の持ちようで、それが糧となりますが、特に教師は、そうした人生の様々な経験が役立つ仕事なのだと思います。

　教師になってからも、実に多くの失敗をしました。仕事が思うようにいかず、悩んだこともありました。でも、それらの経験も、やはりあとから考えてみれば、今の自分をつくる礎となっています。

　順風満帆な人生ではなかった人、今仕事がうまくいってない人、そんな人こそ良い教師になる可能性を秘めている。そう信じて、これからも頑張っていきたいですね。

Q&A
実践者の疑問に答えます!

Lesson 1〜5

Lesson 1

Q　「ほめる」ことの大切さはわかりますが、ほめてばかりでいいのかなと思うこともあります。どう考えたら良いでしょうか？

A　確かに、意味もなくほめても効果がないかもしれません。しかし、様々な学級を見ていて感じるのは、「ほめる教師は少ない」ということです。ですから、「ほめすぎでは？」と思うくらいでちょうど良いのです。

　まずは、「いいね」程度の軽いほめ言葉が口癖になるようにしてはどうでしょうか。その上で、価値ある行動をした子を力強くほめるようにしていきましょう。

教師を評価させるのは、年に何回くらいが良いでしょうか？　この時期が良いというのはありますか？

子供の通知表同様に、年に3回が良いでしょう。何度かやれば子供たちも評価することに慣れてきます。また教師にとっても、自らの指導をより良いものに変えていく機会がそれだけ増えると言えます。ただ、学期末に評価させては、休業日が入りますのですぐに改善できません。そこで、学期途中で行うというのが、子供の評価との最大の違いです。

すぐに改善するからこそ、「先生は自分たちの意見を取り入れてくれる」と信頼を得ることができるのです。

 失敗談を語ると良いとありましたが、かえって子供の信頼を失いませんか？

失敗談ばかりでは、確かにそんな可能性があるかもしれませんね。そういう心配があるなら、失敗から学んだことや、そこからどのように頑張ったかも、時には伝えると良いでしょう。

例えば、私は子供の頃、給食が苦手で、いろいろなものを残して先生に怒られました。そんな話をすると共感してくれる子も多いのですが、そこで終えずに、次のような話をします。

「先生は、好きなものと一緒に嫌いなものを少しずつ口に入れるようにしたんだよ。すると、少しずつ食べられるものが増えていきました。だから、今は給食を全部食べているでしょ」

こうした話をすると、子供たちも、よし自分も頑張ろうと思ってくれるものです。

Lesson 2

 「聞く子を育てる」ために、姿勢づくりが大切なことはわかりましたが、それを説明するだけでわかってもらえるか不安です。他に良い方法はないでしょうか?

年度始めによくやるのが、反応しない相手に話しかけるというゲームです。2人組をつくり、1人が話し役、もう1人が聞き役になります。聞き役には、絶対に反応してはいけないと指示します。話し役は、自分の好きなテレビなどについて、聞き役に1分間話をします。どんなに一生懸命話をしても、相手は頷いたり、相づちを打ったりしません。これは非常に話しにくいものです。みんな、「1分間が長い!」と言います。その後、役割を入れ替えて同じようにやります。

次に、聞き役に大げさなくらい反応するように指示します。今度も1分間話をさせます。すると、「今度の1分のほうが短い!」との感想が聞かれるはずです。こんな体験をすると、聞くことの大切さを実感するようになります。

 「すばやく着席させる」ための留意点として、授業を延ばさないこととありましたが、チャイムで終われない時があります。どうしたら良いでしょうか?

授業は大切なのだから、多少延びても構わないという意識を捨てましょう。1秒たりとも延ばさないという覚悟を持つのです。決められた時間のなかで必ず終わらせると思うからこそ、

つのです。決められた時間のなかで必ず終わらせると思うからこそ、授業に工夫が生まれるのです。

とはいっても、授業に夢中になると時間を忘れがちです。そこで、教師からよく見える位置にもう1つ時計を設置すると良いでしょう。

また、タイマーを40分にセットし、それを授業開始時にスタートさせるのも効果的です。そしてチャイムが鳴ったら、途中でも必ず終わりにしましょう。

> **Q** 給食を配膳する係をつくるという方法がありました。私は、自分が食べるものは自分で用意すべきだと思うのですが、いかがですか？

教師がそういう信念を持って取り組むのならば、それで良いと思います。ただ、様々な方法を知った上で、自分のやり方を決めるのと、唯一そのやり方しか知らないのとでは、同じことをしても深みが違います。それに、様々な子供がいるのですから、多様な方法を知っておけば幅広い対応ができます。

給食の時間がかなりぐちゃぐちゃなクラスがありました。騒いだり、立ち歩いたりする子が何人もいます。自分で勝手に大盛りにしてしまう子もいました。そんなクラスを立て直す時に、まずは全員を静かに座らせ、係が配っていく方式をとりました。静かに待てることを最優先したのです。

Lesson 3

Q 子供同士で良さを認め合うようにしていますが、掃除を頑張っていたことばかり出るなど、次第にワンパターンになってきました。もっと様々な活動で認め合うようにするにはどうしたら良いでしょうか？

A 教師が様々な場面での頑張りを取り上げましょう。ノートの字が丁寧である、時間を守って生活している、たくさん食べる、楽しい話でみんなを笑わせる、嫌なことがあっても笑顔を絶やさない……。こんなふうに良さを見ていけば良いのだと、子供たちも理解していくことでしょう。

また、評価語彙を調べ、それを教室に掲示したこともあります。「素晴らしい」「素敵」「活気がある」「かっこいい」「輝いている」……。「頑張っている」だけが認める言葉ではないとわかると、子供たちの見方も変わっていきます。

Q 目標を達成したら、楽しいイベントを行おうと、みんなで頑張っていました。しかし、目標が達成できませんでした。そんな時はどう対応したら良いのでしょうか？

A 一番気を付けたいのは、失敗の原因をつくった子を責めないということです。これはクラスの団結力を高める取り組みですので、できない子をクラスとしてどうフォローするかが大切なのです。私ならまずは、「もう一度挑戦するか」を子供たちに聞きます。おそらく子供たちは再挑戦したがるでしょう。そこで、今

度はどうしたら成功できるかを話し合わせます。その際、できない子への個人攻撃が起きないように配慮しましょう。

　どう助け合うかが大切だと教えます。例えば、名札を毎日つけてくるという取り組みをした時に、しばしば忘れてくる子がいました。その子に対しては、一緒に登校する子が声をかけることにしました。仲間同士で助け合うのが難しい場合は、教師が密かにフォローしても良いでしょう。

Q 責任ある立場につけて伸ばそうとしましたが、なかなか仕事をやらない子もいます。そんな子にはどんな支援が有効でしょうか？

教師がお膳立てをすれば良いのです。9割くらいは準備してしまいます。そして、残りの1割をやらせるのです。それすら難しい子には、手を携えて一緒にやります。そして、できたら「君が頑張ったからできたのだよ」とほめましょう。間違っても、「先生が準備してあげたからできたのだよ」などと言ってはいけません。自力でやったように思わせるように、さりげなく支援していきましょう。そうしたことを積み重ね、次第に支援する量を減らしていけば良いのです。

　できないことを嘆くのではなく、少しずつでもできることを増やしていくことが大切です。

Lesson 4

Q すき間時間を有効活用しようと思い、休み時間に宿題を見ていると、子供が話しかけてきます。そんな時は、宿題チェックをやめるべきか、子供に「あとでね」と言うべきか悩みます。

A 子供が話しかけてくるというのは、教師が好かれている証拠ですね。そういう時間を大切にしてほしいと思います。もし私ならば、授業が終わったら、すぐに立ったまま宿題チェックをします。子供たちも授業の後始末や次の準備がありますから、すぐに話しかけてくる訳ではないですよね。そのわずかな時間を使います。そして、子供が熱心に話しかけてきたら、仕事はやめてしまいます。

子供と向き合うことより大切な仕事はないと思います。

Q 臆せず助けを借りようということですが、いつも助けてもらってばかりで、これでいいのかなと反省しています。少しでも助けてもらうことを減らすために、心がけたほうが良いことはありますか？

A 「ほうれんそう」とよく言いますね。「報告・連絡・相談」のことです。助けを借りるというのは、「相談」にあたります。この「報・連・相」の順番を逆にしてみると、助けてもらう機会が減ります。つまり、まずは「相談」し、その結果を「報告・連絡」するのです。本当に困ってしまう前に「相談」するので、問題が深刻化していません。ですから「助けてもらう」という状態で

はないはずです。ここで適切な助言をもらうことで、トラブルを未然に防ぐことができる可能性が高まります。

いずれにせよ、すべてを自分一人で解決しようとすると、どんどん深みにはまっていきますので、「臆せず」どんどん「相談」したり、「助けを求め」たりしましょう。

Q 今すぐにやる大切さはわかりますが、様々な仕事が次から次へと入ってしまい、結局、後回しにしてしまいます。良い対処法はありませんか？

教師は人間相手の仕事ですから、予期しないトラブルがしばしば発生します。すぐにやろうと思っても、そうそう簡単にはいきませんね。しかし、すぐにやろうとする心がけは必要です。

また、突発的なことが起きた場合でも、30分後にやる、帰るまでにやる、明日中にやるなどの見通しは持っておくと良いでしょう。その際、付箋紙にそのことを書いて、机の目立つ所などに貼っておきます。こうすれば、その仕事を放置したままにしてしまうという事態を防ぐことができます。

Lesson 5

 学級通信を出す際に気を付けたほうが良いことや、作る時のコツなどがあったら教えてください。

教育方針だけでなく、学級や授業における子供たちの具体的なエピソードを語ると良いというのは、本編にも書きました。その他に心がけたいのは、授業のことを載せる時には、発問とそれに対する子供の反応を書いておくということです。すると、それは自分の実践記録にもなります。つまり、学級通信を書きながら、授業の振り返りができるのです。また、次回同じ学年を受け持つ時に大いに役立つ資料となります。

文字だらけの通信も避けたほうが良いでしょう。イラストを添える、写真を載せるなど、見やすさも心がけましょう。読んでもらってこそ意味があるのです。

 子供にお土産を持たせようと思っても、なかなか持たせられません。非常に難しい実践だと感じました。

そんなにすごいお土産は必要ないのです。ほんのちょっと持たせるだけで良いのです。完璧主義の先生方が多いと感じます。もう少し肩の力を抜いてみましょう。「いい加減」が大切なのです。ホームランではなく、ヒットで良いのです。また、全員にお土産を持たせられなくても良いのです。数人に持たせられたら成功だ、というくらいの気持ちでいましょう。

[**授業参観のあとの懇談会が苦手です。懇談会のやり方について教えてください。**]

A 懇談会が苦手なのは、きっと重苦しい雰囲気だからではないでしょうか。実際、多くの懇談会は退屈です。その原因は、教師がずっと話をしているからです。まずは、それを改善しましょう。

初めに、アイスブレイクから入ります。例えば、「2分以内に同じ誕生月の人で集まってください」などのゲームをすれば、保護者同士のコミュニケーションを図りながら、場を和ませることができます。それから本題に入ります。その際は、次の2つを心がけましょう。

・**小グループで共通の話題について話し合う**
　（例）携帯電話を持たせても良いか？
・**魅力的な資料を示す**
　（例）勉強をさせるのに、お金で釣っても効果がある

こうして懇談会を工夫していくことで、保護者からの信頼も深まります。

あとがき

　最後までお読みいただき、ありがとうございました。
　読み終えての感想は、「当たり前のことばかりだったな」というものかもしれません。しかし、その当たり前のことを、当たり前ではない情熱を持ってどれほどやれるのか。それが、教師としての成長の分かれ目だと思っています。
　私自身、情熱を持って仕事に取り組んできたつもりです。しかし、一人きりではその情熱を維持することは難しかったと思っています。自分を律する力がないと、他の楽しいことに流されてしまいます。学び続けるための原動力が必要です。私の場合、その原動力になったのが、3つの「輩」です。
　1つ目の「輩」は、「先輩」（師）です。若い頃は尊敬できる先輩が主催する学習会に入れてもらうようにしました。自分から請うわけですから、その学習会を休むわけにはいきません。こうして、強制的に自分を律し、学ぶようにしてきました。
　2つ目の「輩」は、「同輩」（友人）です。ある程度経験を積んだら、先輩から学ぶとともに、仲間との学習会を立ち上げました。同年代の仲間ですから、「こいつには負けたくない！」という思いがわきます。これもまた、学びを継続するための原動力になりました。
　3つ目の「輩」は、「後輩」です。中堅と言われる年代になると、若者向けの学習会を主催し、授業方法などを教えるようにしました。教えるためには、今までの自分の学びを振り返り、整理する必要があります。すると、これまでは気付かなかった多くのことに目が向くようになりました。
　こうして、その年代に合った「輩」を意図的に求めることで、教

育への熱意を持ち続けられたと思っています。

　本書も前著同様に、師である野口芳宏先生（植草学園大学名誉教授）、横田経一郎先生（富津市立天神山小学校校長）から学んだことをベースに、自分なりの実践を積み重ねてできあがりました。また、長年の友人である石渡勇斗先生（木更津市立真舟小学校教頭）からも多くの示唆をいただきました。本当にありがとうございました。

　また、今回も「必ず実践をくぐらせてから提案する」という考えのもと、若い先生方をはじめ多くの皆さんに、本書の内容を実践していただきました。協力してくださった皆さん、ありがとうございました。

　特に各レッスンを教室で実践し、詳細なレポートを提出してくださった、石渡弘晃先生、井上佑季子先生、金山美羽先生、佐藤博幸先生、神田愛美先生には重ねて御礼申し上げます。

　学陽書房の後藤優幸さん、根津佳奈子さんには、本書の企画段階から執筆に至るまで、多くの貴重なアドバイスをいただきました。お二人のご助言なくしては、本書を出版することはできませんでした。本当にありがとうございました。またイラストレーターの岩田雅美さんにも大変お世話になりました。おかげさまで、とても素敵な紙面となりました。

　教師というのは子供たちの成長に関わることのできる、実に素晴らしい仕事です。本書が、その素晴らしい仕事に、自信と誇りを持って取り組むための一助となれば幸いです。
　ともに頑張りましょう！

瀧澤　真

著者紹介

瀧澤　真（たきざわ　まこと）

1967年埼玉県生まれ。1992年より千葉県公立学校教諭、台北日本人学校派遣教員等を経て、現在は、袖ケ浦市立蔵波小学校教頭。木更津国語教育研究会代表。日本国語教育学会会員。

10年ほど前より、校内外で若年層教員対象の自主研修会を企画運営してきた。これまで実施したおよそ100回に及ぶ研修会やその資料として通算200号近く出した「若竹通信」が、本書のベースとなっている。

近年は、他校の校内研究会や教育センターの講師に招かれたり、国語教育の全国大会での飛び込み授業を公開したりと活動の場を広げている。授業技術だけでなく、学級経営に関する講座も多数行っている。

主な共著に『書く力をつける一文マスターカード低学年・中学年・高学年』『子どもを動かす国語科授業の技術20＋α』『作文力を鍛える新「作文ワーク」小学６年・中学校』（以上、明治図書）、『10の力を育てる出版学習』（さくら社）などが、著書に『まわりの先生から「あれっ、授業うまくなったね」と言われる本。』（学陽書房）がある。また、「教育技術」（小学館）等雑誌への掲載も多数。

ご質問等は、mmmtakizawa@yahoo.co.jp まで。

まわりの先生から「おっ！ クラスまとまったね」と言われる本。

2016年２月18日　初版印刷
2016年２月24日　初版発行

著　者　瀧澤（たきざわ）　真（まこと）
発行者　佐久間重嘉
発行所　学陽書房
　　　　〒102-0072　東京都千代田区飯田橋１-９-３
　　　　営業部　TEL 03-3261-1111　FAX 03-5211-3300
　　　　編集部　TEL 03-3261-1112
　　　　振　替　00170-4-84240

ブックデザイン／佐藤博　イラスト／岩田雅美
DTP制作／岸博久（メルシング）
印刷・製本／三省堂印刷

©Takizawa Makoto 2016, Printed in Japan
ISBN 978-4-313-65309-2 C0037
乱丁・落丁本は、送料小社負担にてお取り替え致します。
定価はカバーに表示してあります。